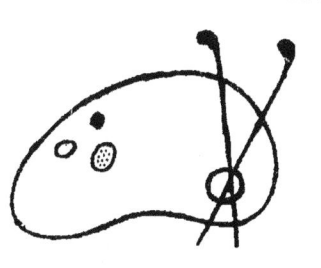

Début d'une série de documents en couleur

Couverture inférieure manquante

NOTICE

HISTORIQUE ET ARCHÉOLOGIQUE

SUR

L'ABBAYE DE SAINT-JOUIN DE MARNES

PAR

Bélisaire LEDAIN

Membre de la Société Française d'Archéologie,
Ancien Président de la Société des Antiquaires de l'Ouest,
Lauréat de l'Institut, Officier d'Académie.

POITIERS
IMPRIMERIE TOLMER ET Cⁱᵉ
RUE DE LA PRÉFECTURE

1884

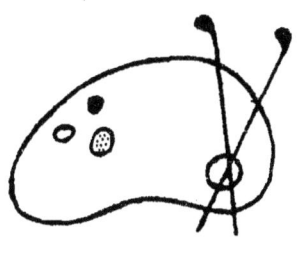

Fin d'une série de documents en couleur

NOTICE HISTORIQUE ET ARCHÉOLOGIQUE

SUR

L'ABBAYE DE SAINT-JOUIN DE MARNES

NOTICE

HISTORIQUE ET ARCHÉOLOGIQUE

SUR

L'ABBAYE DE SAINT-JOUIN DE MARNES

PAR

Bélisaire LEDAIN

Membre de la Société Française d'Archéologie,
Ancien Président de la Société des Antiquaires de l'Ouest,
Lauréat de l'Institut, Officier d'Académie.

POITIERS
IMPRIMERIE TOLMER ET Cⁱᵉ
RUE DE LA PRÉFECTURE
—
1884

NOTICE
HISTORIQUE ET ARCHÉOLOGIQUE
SUR
L'ABBAYE DE SAINT-JOUIN DE MARNES

CHAPITRE PREMIER.
DESCRIPTION ARCHEOLOGIQUE DE L'ÉGLISE.

L'église de Saint-Jouin de Marnes, antique abbaye bénédictine, jadis célèbre, est un édifice roman du XIIe siècle, dont la beauté et l'importance sont reconnues depuis longtemps. Classé avec raison parmi les monuments historiques, justement admiré et apprécié par tous les archéologues, les architectes et les artistes, il n'en est pas moins livré à l'abandon le plus coupable et le plus désastreux. Une restauration complète, projetée par les architectes officiels, est assurément très nécessaire, très désirable; mais si d'urgentes réparations, telles que le renouvellement de la toiture (1), ne sont pas faites promptement, ce magnifique monument tombera tout à fait en ruine. Ce serait là un vrai malheur, car l'église de Saint-Jouin peut être considérée comme le type le plus complet, le plus riche, le plus ample de l'architecture romane poitevine. Les églises de

---

(1) Depuis la rédaction de cette notice, une partie des toitures a été restaurée par l'architecte officiel.

Notre-Dame de Poitiers, de Chauvigny, de Civray, de Lusignan, de Saint-Pierre et Saint-Hilaire de Melle, d'Airvault, de Notre-Dame de la Coudre de Parthenay, de Parthenay-le-Vieux, de Vouvant, de Foussay, de Champdeniers, etc., qui appartiennent, pour la plus grande partie de leur construction, à la même période romane, présentent chacune soit des caractères généraux d'une grande pureté, soit des portions brillamment conçues et exécutées, soit des détails d'ornementation et de sculpture très rares ou richement traités. Mais dans aucune d'elles on ne rencontre, comme dans celle de Saint-Jouin, un ensemble aussi imposant de toutes les qualités, de toutes les splendeurs réunies de l'art roman. Ampleur des proportions, façade véritablement fastueuse, chapiteaux historiés, décoration des surfaces intérieures des murs au moyen d'arcatures heureusement distribuées, ornementation luxueuse de toutes les fenêtres sans exception, décoration non moins riche des absides, élégance du clocher, tout concourt à faire de cette église un monument presque irréprochable. C'est ce dont nous convaincra un examen détaillé, en tenant compte, bien entendu, des réfections et des additions qui ont altéré, à diverses époques, le plan primitif si bien conçu.

La façade frappe tout d'abord par la profusion, la richesse, la disposition artistique de ses sculptures. C'est une page d'histoire religieuse écrite en figures symboliques dont l'interprétation n'est pas toujours facile. Moins savante peut-être que celle que l'on admire aussi à juste titre sur la façade de Notre-Dame de Poitiers, elle est, en revanche, moins confuse, moins surchargée. Deux zones horizontales, subdivisées elles-mêmes en trois ordres dans le sens vertical par deux couples de colonnes; trois ouvertures pratiquées dans chacune des zones; un fronton ou pignon triangulaire très ornementé ; deux clochetons d'angle à deux étages reposant sur deux groupes de colonnes : telle est la disposition générale, à la fois simple et élégante, de la façade de Saint-Jouin. Au centre de la zone inférieure s'ouvre la porte de l'église. Voûtée en plein cintre dans de larges proportions, elle est entourée de quatre magnifiques archivoltes supportées à droite et à gauche par quatre colonnettes. Les voussures des archivoltes aussi bien que les archivoltes elles-mêmes, les chapiteaux des colonnettes et jusqu'aux entre-colonnements sont surchargés de délicates sculptures. Malheureusement le salpêtre, et sans doute aussi des mutilations malveillantes, les ont tellement maltraités, qu'il est très difficile et pour mieux dire presque impossible de déterminer les formes de ces ornements variés. On distingue toutefois avec une certaine peine des rosaces, des rinceaux, des feuilles en forme de demi-cercle, quelques têtes humaines et une multitude de petits rosons sculptés sur les arêtes, et notamment sur les angles des pieds-droits qui séparent les colonnettes.

Deux arcatures en plein cintre, d'une plus petite dimension, sont inscrites sur la muraille, à droite et à gauche de la porte. Celle de droite n'existe plus qu'à l'état informe ; elle a été détruite par l'ouverture, relativement récente, d'une petite porte d'un effet détestable. L'arcature de gauche est en assez bon état de conservation. Elle se compose de deux archivoltes retombant de chaque côté sur autant de colonnettes. Des spirales s'enroulent autour de leurs fûts. Des feuillages de formes diverses, des ornements en demi-cercle couvrent les archivoltes.

Deux grosses colonnes cylindriques séparent la grande porte des arcatures latérales. Leurs chapiteaux représentent des animaux fantastiques. Au-dessus de chacune d'elles, mais en retraite, s'élève jusqu'aux deux tiers de la façade une couple de colonnes engagées, beaucoup moins grosses. L'ordre supérieur se trouve ainsi divisé en trois compartiments, où s'ouvrent trois hautes et belles fenêtres en plein cintre. Les deux couples de colonnes qui les séparent sont couronnées de curieux chapiteaux historiés. Ceux de droite représentent, l'un, deux animaux se terminant par une seule et même tête; l'autre, deux animaux adossés. Sur ceux de gauche sont sculptés de larges tores se recourbant aux angles en crosses ou volutes. La fenêtre centrale, plus grande que celles qui l'accompagnent à droite et à gauche, n'est pas tout à fait sur le même plan. Elle est plus élevée, de même que la grande porte qui domine également les arcatures latérales inférieures. Cette disposition rompt la monotonie et la symétrie de la décoration de la façade, but que l'architecte semble avoir encore cherché en donnant aux deux grosses colonnes inférieures plus de saillie et de puissance qu'à celles auxquelles elles servent de bases.

La grande fenêtre centrale est entourée de deux archivoltes et d'un bandeau couverts des ornements les plus variés, feuillages, têtes grimaçantes, animaux, personnages vêtus de petites jaquettes, guirlande de marguerites. Les colonnettes qui les soutiennent sont munies de chapiteaux et de tailloirs dont les sculptures, conçues dans le même genre, ne sont pas moins riches. La fenêtre est accompagnée de chaque côté, le long de ses pieds-droits, de trois statuettes en bas-relief plaquées dans la muraille, les unes au-dessus des autres. La statuette la plus basse du côté droit est un saint Pierre assis, vêtu d'une longue robe. Au-dessus c'est un personnage nimbé, debout, les mains jointes, et revêtu aussi d'une robe longue. Un groupe de deux personnages le surmonte. Vêtus de la même manière, ils se regardent et semblent converser. Sur le côté gauche, la statuette inférieure a disparu et la seconde est très mutilée. La statuette supérieure représente une femme, les mains jointes, vêtue d'une robe très ample avec de longues manches.

La fenêtre latérale de droite, condamnée depuis longtemps, est entourée d'une archivolte et d'un bandeau retombant sur deux colonnettes. Les sculptures qui les couvrent, aussi bien que les chapiteaux, sont analogues à celles de la grande fenêtre. Deux sujets remarquables en bas-relief, appliqués contre la muraille, surmontent cette fenêtre. L'un représente une femme nue dont les cheveux tombent sur les épaules ; deux serpents monstrueux enroulés autour d'elle sucent ses mamelles; de ses mains crispées elle cherche à se débarrasser de leurs étreintes. Cette figure symbolique du vice impur et de sa punition se rencontre assez fréquemment, avec quelques différences dans la forme, sur beaucoup d'autres églises romanes, à Montmorillon, Saint-Nicolas d'Angers, Sainte-Croix de Bordeaux, etc. (1). L'autre bas-relief représente deux personnages debout, vêtus de jaquettes courtes, se regardant dans l'attitude de la conversation.

La fenêtre latérale de gauche, condamnée comme celle de droite, présente quelques différences dans son ornementation. L'archivolte est décorée de larges palmettes. Sur le bandeau qui l'encadre, court un feston triangulaire. Un bas-relief placé au-dessus, dans la muraille, représente deux personnages vêtus de petites jaquettes : l'un se présente de face ; l'autre, vu de profil, chargé d'un fardeau sur ses épaules, se dirige vers lui.

Les deux groupes de colonnes qui séparent les fenêtres

---

(1) *Abécédaire d'archéologie*, par M. de Caumont; *Architecture religieuse*, 5ᵉ éd., 1867, p. 265.

latérales de la fenêtre centrale sont surmontés par deux grands bas-reliefs remarquables. Sur celui de droite, un cavalier s'avance vers un personnage agenouillé devant lui. Celui de gauche représente un cavalier lancé au galop. Cette dernière figure, considérée comme le symbole du Christ triomphant, se rencontre sur les façades de beaucoup d'autres églises, à Airvault, à Parthenay, à Melle, à Civray, à Aulnay (1); mais elle y occupe les tympans des arcatures, soit inférieures, soit supérieures, et le cavalier semble fouler aux pieds de son cheval un petit personnage. Quoique le cavalier symbolique de Saint-Jouin ne présente pas la même particularité et n'occupe pas la même place, il n'en doit pas moins conserver la même signification.

Au-dessus des fenêtres, la muraille de la façade présente deux appareils différents, l'un en feuilles de fougère, l'autre réticulé, interrompus seulement par l'arcature de la grande fenêtre et les deux grands bas-reliefs. Là commence le pignon triangulaire. La zone de la muraille qui en forme la base est couverte d'une longue file de personnages qui s'avancent processionnellement des deux côtés vers une haute statue centrale qui les domine. Les petites statuettes, d'un relief assez bas, sont vêtues de costumes variés. Leurs têtes et leurs bras se tendent vers le grand personnage objet de leur respect et de leur vénération. Les deux premières à droite et à gauche sont agenouillées devant lui. Ce personnage vénérable, dont le relief est beaucoup plus prononcé, est revêtu d'une longue robe flottante serrée par une ceinture. Sa tête semble nimbée. De la main gauche il porte un globe; son attitude est majestueuse. Quelle est la signification de ce remarquable sujet? Suivant M. Charles

---

(1) *Abécédaire d'archéologie*, p. 262.

Arnauld, il serait l'emblème de la Religion (1). Je préférerais y voir la représentation de Jésus-Christ régnant sur le monde et recevant les adorations des hommes de toutes nations et de toutes conditions.

L'appareil réticulé reparaît au-dessus de la procession symbolique et il n'est interrompu que par la partie supérieure de la grande statue. Une autre statue, de même dimension et d'une facture aussi belle, apparaît immédiatement au-dessus de la tête de cette dernière. C'est un personnage en robe longue, assis, la main gauche levée. Deux anges plus petits, l'un à droite, l'autre à gauche, le regardent dans l'attitude de l'adoration. D'après M. Arnauld, ce serait là l'image de Jésus-Christ (2). Cette interprétation est admissible. Mais si, comme je le pense, l'autre statue semble plutôt en être la représentation, il serait logique de considérer la statue supérieure comme l'image de Dieu, le Père éternel. Sa situation au sommet du pignon de la façade, dont elle couronne et domine si bien toute l'ornementation, est un grave argument à invoquer en faveur de cette haute signification.

La façade est flanquée de deux contreforts d'angle composés de cinq colonnes et terminés chacun par une élégante tourelle ou clocheton octogone. Les chapiteaux et les tailloirs de ces colonnes sont richement historiés : des personnages, des animaux fantastiques, des rinceaux, des feuillages les décorent. Les entre-colonnements eux-mêmes sont ornés de fleurons. Les deux clochetons sont divisés en deux ordres figurant deux étages. Une rangée de petites arcatures aveugles, soutenues par des colonnettes, compose l'ordre inférieur du clocheton de droite. Dans l'ordre supérieur,

---

(1) *Monuments du Poitou*, par Ch. Arnauld et Baugier, 1843, p. 109.
(2) Idem.

chaque face de l'octogone est percée d'une fenêtre à plein cintre accompagnée de colonnettes. Les deux étages du clocheton de gauche sont percés d'ouvertures semblables sur toutes leurs faces. Il est surmonté d'un toit pyramidal à huit pans en pierres imbriquées. Ces clochetons rappellent beaucoup ceux de Notre-Dame de Poitiers, dont ils diffèrent toutefois en ce qu'ils affectent la forme octogonale au lieu de la forme ronde.

L'intérieur de l'église de Saint-Jouin présente une longue perspective de soixante et onze mètres de longueur. Trois nefs, un transept à deux bras rectangulaires, un chœur semi-circulaire entouré d'un déambulatoire, trois absides, telle en est la disposition générale. Les nefs sont divisées en dix travées jusqu'au chœur. Les piliers sont composés de quatre colonnes engagées sur des pilastres. Plusieurs, au milieu de l'église, ont été renforcés et mutilés, probablement lors de la réfection des voûtes ; un peu plus loin, près du chœur, deux grands arceaux très disgracieux, ouverts, au XVII° ou au XVIII° siècle, entre la grande nef et les collatéraux, dans le but de faire pénétrer plus de lumière dans l'édifice, ont remplacé deux anciennes travées et, par conséquent, fait disparaître les piliers. Tous les chapiteaux sont historiés. Les uns représentent des lions à figures humaines et autres animaux fantastiques ; les autres, des personnages vêtus de longues tuniques. Sur l'un s'épanouissent des feuilles grasses ; sur l'autre apparaissent de simples volutes.

Les trois premières travées de la grande nef sont recouvertes d'une voûte légèrement ogivée, soutenue par de larges arcs doubleaux retombant à chaque travée sur des demi-colonnes cylindriques. De la troisième travée jusqu'au chœur, la voûte de la grande nef a été reconstruite dans un style différent au xv⁰ siècle. Nous en reparlerons tout à l'heure. Les deux collatéraux ont conservé leurs voûtes romanes primitives en berceau légèrement ogivé, comme celle des premières travées de la nef. Ils sont éclairés par dix fenêtres s'ouvrant chacune dans une arcature soutenue par des colonnes. A la hauteur des fenêtres environ, chacune de ces colonnes soutient deux colonnettes dont les chapiteaux et les tailloirs sont couverts de moulures. Un cordon horizontal orné de rinceaux court d'une fenêtre à l'autre, en se relevant pour dessiner la courbe de chacune d'elles. Dans le collatéral de gauche, c'est-à-dire au nord, toutes les fenêtres sont condamnées par le beau cloître du xv⁰ siècle qui y est adossé, ce qui cause dans l'église une fâcheuse obscurité. Les arceaux, qui mettent la grande nef en communication avec les bas côtés, sont, de même que les voûtes, en ogive assez peu prononcée.

L'intersection des transepts est recouverte d'une coupole sur trompes au-dessus de laquelle s'élève le clocher. Les quatre piliers qui la supportent, groupe de quatre puissantes colonnes, sont surmontés de curieux chapiteaux. Leurs sculptures représentent des moines les bras étendus, tenant de grandes tiges de feuillages qui se retournent en volutes aux angles et ressemblent beaucoup à des crosses. Les deux bras du transept sont voûtés, comme les bas côtés. Ils avaient autrefois chacun une absidiole ouvrant sur leur face orientale. Celle du transept de gauche est aujourd'hui masquée par un autel ; l'absidiole du transept de droite a disparu jadis pour faire place à l'escalier des constructions militaires des xiv⁰ et xv⁰ siècles.

Le chœur, demi-circulaire, est environné par un déambulatoire dont il est séparé par six groupes élégants de quatre demi-colonnes que relient des arceaux en plein cintre. Leurs chapiteaux n'ont pour ornements que de larges feuilles faiblement indiquées, et les tailloirs sont épais et dénués de moulures. Au-dessus, circule une rangée de petites arcatures romanes sur laquelle vient retomber la voûte, qui est une addition du xv® siècle. Le déambulatoire a été revoûté à la même époque. Sa muraille circulaire est décorée à sa partie inférieure par une rangée d'arcatures qui en dissimule la nudité de la manière la plus heureuse. Trois absides terminent l'église et ouvrent directement sur le déambulatoire, l'une, celle du milieu, dans l'axe du chœur et de la grande nef, les deux autres à droite et à gauche, à une distance assez rapprochée. Leurs voûtes datent aussi du xv® siècle.

Les anciennes voûtes romanes de l'église, on peut maintenant le remarquer, ont été en grande partie remplacées par des voûtes gothiques, soit par suite d'une catastrophe qui les aura détruites, soit par suite de la poussée menaçante que ce genre de voûtes exerce ordinairement sur les murs. Elles n'ont été conservées que sur les trois premières travées de la grande nef, sur les bas côtés et sur le transept. Celles du collatéral de droite sont lézardées, probablement depuis longtemps, et ont fait sensiblement déverser vers le dehors le mur méridional.

Les nouvelles voûtes gothiques sont sillonnées de nombreuses nervures qui s'entre-croisent. Des médaillons historiés sont ménagés à tous les points d'intersection. Il y en a quatre par travée. Ces voûtes sont plus élevées que les anciennes. Il est facile de s'en apercevoir par la surélévation de la charpente de la nef et des murs des absides et du déambulatoire. Des arcs-boutants ont été élevés à l'extérieur pour les contre-buter. Mais cette addition nécessaire embarrasse les absides et leur enlève une grande partie de leur beauté primitive. La ressemblance frappante qui existe entre les voûtes gothiques de l'église de Saint-Jouin et celles de l'église d'Airvault, également ornées de médaillons identiques, nous fait penser qu'elles appartiennent non seulement à la même époque, mais encore qu'elles sont l'œuvre du même architecte. Un motif commun leur a sans doute donné naissance. Elles datent du xv° siècle. Un des médaillons de la voûte de la nef de Saint-Jouin, près du chœur, pourrait donner une date précise. Il représente les armoiries d'un abbé. L'écu, traversé par une bande diagonale, est surmonté d'une crosse. Les autres médaillons sont très variés. Dans la nef, sur l'un on aperçoit un évêque ou un abbé tenant sa crosse ; sur un autre, un personnage accompagné d'un oiseau ; sur un troisième, un personnage en adoration devant un autre. Plus loin, c'est un homme frappant un adversaire de son épée, ce sont deux personnages jouant d'instruments à cordes, puis un individu terrassé par un animal, un personnage tenant d'une main une sorte de calice et de l'autre une longue baguette. Ailleurs, c'est un homme tenant d'une main une épée et de l'autre une tour ou petit monument à deux étages. Un autre médaillon représente un personnage tenant une croix renversée ; un autre représente un homme assis, les bras étendus et des palmes à la main. Sur un autre est sculpté un personnage tenant un livre et une épée. Dans le chœur, le médaillon central représente Jésus-Christ nimbé et couronné. Des anges aux ailes déployées, dont l'un tient une couronne, sont sculptés sur les autres. Le médaillon de l'abside du fond représente la sainte Vierge tenant l'enfant Jésus. Dans le déambulatoire, à droite, il y en a un autre sur lequel est sculpté l'agneau tenant une croix ornée d'un petit étendard, symbole du Christ.

Le mur méridional de l'église est percé de dix belles fenêtres à plein cintre qui, par leur riche ornementation, décorent de la manière la plus brillante l'extérieur de cette façade. Leurs archivoltes retombent sur des cordons horizontaux couverts d'élégantes palmettes et sur des colonnettes dont les chapiteaux ne sont pas moins bien fouillés. Les palmettes qui ornent le bandeau encadrant le cintre de chaque fenêtre, semblables à celles du cordon horizontal, sont jetées avec grâce et finement exécutées. Sur les archivoltes, tantôt c'est un courant de feuilles en forme de petites hachettes qui en dessine le contour, tantôt c'est un double rang d'annelets entouré de dents de scie, tantôt trois gorges ou deux boudins, tantôt un rang de gros plis ou une série de billettes contrariées, tantôt de délicats rosons. Les quatre fenêtres les plus rapprochées du transept ont été allongées dans leur partie inférieure pour faire pénétrer plus de lumière dans l'église. Toutes les fenêtres du bas côté septentrional ont été condamnées par l'adjonction du beau cloître du xv⁰ siècle.

Le chevet a été traité avec le même soin que le reste de l'édifice. Il se compose de trois absides demi-circulaires. Celle du centre, la plus profonde, est éclairée par trois fenêtres en ogive peu accentuée ; les deux autres n'en ont que deux. Entre chacune des absides s'ouvre une fenêtre à plein cintre. Des faisceaux de colonnettes élancées, dont les entre-colonnements sont ornés de rosons, accompagnent les fenêtres à droite et à gauche et s'élèvent jusqu'à la hauteur de l'ancienne corniche, qui a disparu. Une rangée de petites arcatures circule à la base et tout autour des absides ; leurs pieds-droits sont ornés de rosons sur les angles. La construction de nouvelles voûtes gothiques, qui a rendu nécessaire l'exhaussement des murs, ainsi que l'addition de lourds arcs-boutants, ont profondément altéré la physionomie romane, si simple et si harmonieuse, du chevet primitif (1). Mais ce qui a achevé de le gâter, ce sont les constructions militaires dont on l'a surchargé aux xve et xvie siècles. Un mur circulaire, d'un aspect lourd et triste, percé d'ouvertures rares et étroites et de moucharabys menaçants, a été élevé sur les absides et le déambulatoire. Il enveloppe complètement le chœur jusqu'au sommet et forme sur les voûtes du déambulatoire une galerie intérieure couverte, où se tenaient les défenseurs de l'église. La partie postérieure, supportée par l'abside centrale, a été démolie au xviiie siècle pour l'ouverture d'un ample oculus dans le mur supérieur du chœur.

Le transept du sud, transformé également en forteresse, fut exhaussé comme le chevet et couronné d'une imposante rangée de machicoulis gigantesques, dont les moulures avaient été exécutées avec un soin remarquable. Ces machicoulis, à l'exception des consoles encore subsistantes, viennent d'être récemment démolis et détruits par un architecte des monuments historiques, qui aurait dû plutôt, ce semble, veiller à leur conservation, tant à cause de leur beauté peu commune qu'à cause de la physionomie guerrière qu'ils donnaient à cette façade de l'église, type vraiment curieux, qu'on exécute rarement dans ce genre d'édifices et même dans les châteaux féodaux.

Le clocher s'élève sur l'intersection des transepts. Il est carré, composé de deux étages et d'un soubassement orné d'arcatures aveugles. Chaque face des deux étages est percée

---

(1) La base de ce chevet est enterrée par des décombres ou terres rapportées de plus d'un mètre et demi de profondeur. Leur enlèvement si désirable lui rendrait son élégance primitive et éloignerait de ses murailles une humidité néfaste.

de quatre fenêtres à plein cintre accompagnées de colonnettes ; une toiture quadrangulaire en ardoise le recouvre. L'exhaussement des voûtes et l'addition des constructions militaires, en masquant toute sa base, lui ont enlevé l'élégance qu'il avait primitivement.

L'église de Saint-Jouin est une construction du xii° siècle, élevée sur l'emplacement d'un édifice plus ancien. Le style bien caractérisé de son architecture ne permet pas d'en douter. Mais n'est-il pas possible d'en mieux préciser la date ? Un passage trop bref de la Chronique de Saint-Maixent, dite aussi de Maillezais, nous apprend qu'en l'année 1095, Raoul, moine de Saint-Jouin, commença la reconstruction de son monastère (1). Ce Raoul, qui devint un peu plus tard, après l'année 1100, abbé du monastère, doit donc être nécessairement l'auteur ou le promoteur du plan et des premiers travaux du magnifique monument que nous venons d'admirer, car il n'est pas douteux que l'église ait été reconstruite en même temps que le reste de l'abbaye. Les mots *sua loca instruere* désignent l'ensemble de tous les bâtiments monastiques. D'autre part, une notice placée en tête du cartulaire de Saint-Jouin nous apprend que le principal autel fut consacré en 1130 (2). L'église était donc alors terminée, et c'est vraisemblablement à cette occasion qu'on fit, la même année, une nouvelle reconnaissance et une nouvelle translation des reliques de saint Martin de Vertou, de saint Judicaël, de saint Lumine, de saint Rufin et de saint Marcou, transportées au monastère de Saint-Jouin depuis le ix° siècle. La mémoire en fut ensuite célébrée le dimanche

---

(1) « Anno 1095 cœpit et Radulfus monachus Sancti Jovini suos et sua loca instruere. » (*Chron. Sancti Maxentii*, apud Labbe, t. II, p. 213.)

(2) *Introduction au cartulaire de Saint-Jouin*, par M. Grandmaison, p. xiii. Ce cartulaire porte le n° 5449 du fonds Gaignières à la Bibliothèque nationale.

après la Nativité de la sainte Vierge (8 septembre) (1). Cette fête, qui se célèbre encore et qui était jadis l'objet d'un nombreux concours de pèlerins et d'une grande dévotion, peut donc être en outre considérée comme la fête de la dédicace de l'église de Saint-Jouin.

CHAPITRE II.

ORIGINES DE L'ABBAYE ; SON HISTOIRE JUSQU'AU IXe SIÈCLE.

Le fondateur de cette antique abbaye, Jovinus, vivait au IVe siècle et appartenait à une famille noble de Silly (*Sigilliacum, Siliacum*), aujourd'hui Mouterre-Silly en Loudunais. Il avait trois frères et une sœur, Maximin, Maixent, Maxime et Maxima, qui devinrent tous de grands saints et dont deux parvinrent aux plus hautes dignités ecclésiastiques. Saint Maximin fut un des plus illustres évêques de Trèves, en 330 ; il revint mourir à Silly, son pays natal, le 12 septembre 347. Saint Maixent fut élu évêque de Poitiers, huit ou neuf ans avant saint Hilaire. Saint Maxime ou saint Mesme, disciple et ami du grand saint Martin, mourut à Chinon, où il s'était retiré pour mener la vie cénobitique. Jovinus, le plus jeune, marcha sur les traces de ses frères. Son ardente piété le poussa à se retirer près de Marnes, dans un lieu solitaire connu alors sous le nom d'Ension, où il s'adonna à la vie contemplative et ascétique. Des disciples vinrent le trouver, lui demandant d'être leur guide et leur abbé. L'histoire n'a conservé sur sa personne aucun détail biographique. On sait seulement que ses vertus le rendirent l'objet de la vénération générale et qu'il mourut au milieu de ses frères, en odeur de sainteté, le 1er juin d'une année

(1) *Acta sanctorum*, t. X d'Octobre, p. 801.

indéterminée. D'après M. l'abbé Auber, saint Jouin serait mort après l'année 368 et aurait fondé avant 350 son monastère d'Ension, qui aurait ainsi précédé celui de Ligugé fondé par saint Martin, sous le patronage de saint Hilaire, en 360. Mais aucun document ne permet de fixer d'une manière précise la date de son origine. Ce qu'il y a de certain, quoi qu'en ait dit dom Mabillon, c'est que saint Jouin et son monastère appartiennent à la dernière moitié du IV° siècle, et non pas au commencement du VI°. L'auteur de la Vie de saint Maximin, frère aîné de saint Jouin, qui vivait au VIII° siècle, est formel à cet égard (1).

Dans quel lieu saint Jouin fonda-t-il son monastère ? A Ension près de Marnes, le fait n'est pas douteux. Mais Ension, désigné sous les noms divers de Ensio, Ansio, Hensio, Enesio, Enestio, Enexio, Enixio, était-il situé dans le lieu même où s'élève la belle église actuelle de Saint-Jouin ? Tout près de là, à l'extrémité de l'enclos de l'abbaye, se trouve un petit village appelé Châteaux, où se voient encore les ruines de deux petites églises parallèles et très voisines l'une de l'autre. Leur style, d'ailleurs très simple, semble indiquer le XIII° siècle pour celle de droite et le XI° pour celle de gauche. L'une d'elles, dédiée à saint Pierre, est indiquée comme une annexe, une dépendance de l'abbaye de Saint-Jouin par la bulle du pape Alexandre III de l'an 1179, qui la désigne sous le nom de *Sanctus Petrus de Castellis* (2). Elle est également signalée, dès le IX° siècle, dans l'histoire de la translation de saint Martin de Vertou (3). Le vocable

---

(1) *Acta sanctorum*, de sancto Jovino, t. I Junii, p. 73. — *Annales bénédictines*, par Mabillon, t. I, p. 10, 34, 81, 83. — *Histoire ecclésiastique du Poitou*, par dom Chamard, p. 145-147, 165, 359-360, dans les *Mémoires des antiquaires de l'Ouest*. — *Hist. de l'Église de Poitiers*, par l'abbé Auber, p. 501-503, t. XXX des *Mémoires des antiquaires de l'Ouest*.
(2) *Cartulaire de Saint-Jouin*, par Grandmaison, p. 38.
(3) *Acta sanct.*, t. X du mois d'Octobre, p. 814-817.

de saint Pierre et le nom de *Castellis* sont des indices presque certains de haute antiquité. Il est très possible qu'il y ait eu là, ou du moins dans un voisinage très rapproché, un de ces nombreux camps romains du IV° siècle si connus sous le nom de Châtelliers. On pourrait d'autant mieux admettre son existence qu'il était ainsi placé non loin de la voie antique de Poitiers à Angers qui passait à Marnes.

D'après la tradition locale, le village de Châteaux aurait été le berceau de l'abbaye. Ce serait donc dans ce lieu que se trouvait Ension, où saint Jouin fixa son ermitage. Le *Monasticum gallicanum* dit que le pieux solitaire, devenu bientôt chef d'une nombreuse cohorte de disciples, construisit une église en l'honneur de saint Jean l'Évangéliste et qu'il fut enseveli dans une autre église dédiée à saint Christophe (1). Mais, d'après un vieux bréviaire de l'abbaye de Saint-Jouin, et surtout d'après le récit très authentique de la translation de saint Martin de Vertou au IX° siècle, saint Jouin reposait alors dans l'église de Saint-Jean-l'Évangéliste. Il est vrai que l'auteur du récit de la translation la désigne sous le nom de Saint-Jean-Baptiste, tandis que le bréviaire l'appelle Saint-Jean-l'Évangéliste, qui, d'ailleurs, il faut le remarquer, est encore le patron de l'église actuelle de Saint-Jouin. Mais il y a là une confusion évidente de la part de l'auteur du récit de la translation, car le vieux bréviaire nous apprend qu'il y avait deux églises parallèles, séparées seulement par une rue, dédiées à saint Jean l'Évangéliste et à saint Jean-Baptiste, et que cette dernière, située au nord, fut changée plus tard en réfectoire par les moines. Or ces deux églises étaient, par conséquent, bâties dans le lieu

---

(1) *Hist. ecclés. du Poitou*, par dom Chamard, p. 459.

même où sont actuellement l'église et l'abbaye de Saint-Jouin. En effet, l'auteur du récit de la translation de saint Martin de Vertou remarque qu'au IX° siècle il y avait à Ension deux monastères : l'un, sur le haut de la colline, dédié à saint Jean-Baptiste ; l'autre, à l'orient, sous le vocable de saint Pierre. Cette indication est d'une précision et d'une exactitude remarquables, puisque Saint-Pierre de Châteaux se trouve au bas de la colline et à l'orient de l'abbaye de Saint-Jouin (1). Quant à l'église de Saint-Christophe désignée par le *Monasticum gallicanum* et les Annales bénédictines comme le lieu de la sépulture de saint Jouin, nous pensons qu'il y a là une erreur, à moins qu'il n'y ait eu une sépulture provisoire dans l'autre église de Châteaux, qui aurait peut-être porté ce nom. Mais, la bulle de 1179 attribuant aux deux églises de Châteaux les vocables de Notre-Dame et de Saint-Pierre, il faut nécessairement tenir pour exacts les récits de l'auteur de la Biographie de saint Martin de Vertou et du vieux bréviaire de l'abbaye.

S'il est vrai que saint Jouin ait établi d'abord son monastère à Châteaux, ses disciples, après sa mort, ne tardèrent pas à transporter leur demeure sur la colline d'Ension, *in montis vertice*, près de son tombeau dans l'église de Saint-Jean. Toutefois Châteaux ne fut pas complètement abandonné. L'existence, bien constatée au IX° siècle, de deux monastères à Ension, l'un sur la colline, l'autre à Saint-Pierre de Châteaux, est considérée par l'auteur du récit de la translation comme le résultat d'une coutume importée par les moines de Vertou. Les religieux d'Ension, qui avaient d'abord suivi la règle des ascètes de

(1) *Acta sanctorum*, t. X d'Octobre, p. 801, *Comment. de S. Martino Vertavense*; idem, 814-817.

l'Orient, acceptèrent celle de Saint-Benoît sous l'influence de leurs frères de l'abbaye de Vertou, sous la dépendance desquels ils tombèrent pendant un certain temps. D'après une tradition qui ne manque pas de fondement, saint Martin lui-même, le fondateur des monastères de Vertou et de Durinum (Saint-Georges) de Montaigu aurait été aussi abbé d'Ension (1). Mais l'époque et les circonstances de ces évènements sont enveloppées de grande obscurité.

D'après les Bollandistes et Mabillon, suivis par l'abbé Auber, saint Martin de Vertou, né à Rézé ou à Nantes et diacre de cette dernière Église, fut envoyé par l'évêque saint Félix dans le pays d'Herbauges pour en évangéliser les habitants plongés dans les ténèbres de l'idolâtrie. Or saint Félix était évêque de Nantes au vi° siècle, de 550 à 583. La mystérieuse légende de la malédiction de la ville d'Herbauges par saint Martin de Vertou et de son engloutissement dans les flots de la mer, d'autres disent dans les eaux du lac de Grand-Lieu, est assez connue et a donné lieu à bien des dissertations. Sans contester dans leur ensemble les détails de la vie de saint Martin racontés par ses légendaires, dom Chamard n'a pas craint de reporter cet illustre apôtre au iv° siècle. Il invoque à l'appui de son opinion la légende de saint Vivent ou Vincent, disciple de saint Hilaire, qui aurait rencontré Martin au lieu dit de *Vertao*, près de l'île d'Olonne. Il invoque aussi les légendes de saint Maximin de Trèves et de saint Lubentius, qui font de Martin de Vertou un contemporain du iv° siècle. L'abbé Auber repoussant ce système, observe que le Martin rencontré par saint Vivent était un solitaire de Saintonge, disciple de saint Martin de Tours et dont parle Grégoire de Tours dans

(1) Dom Estiennot, parte 2°, f° 180. — *Gallia christiana*, t. II. — *Acta sanctorum*, t. X d'Octobre.

son livre *De gloria confessorum* (1). D'après le système de dom Chamard, saint Martin de Vertou, dont il fixe la mort à l'année 370, aurait donc été le contemporain et sans doute l'ami de saint Jouin, qui vivait certainement à la fin du iv° siècle. Mais comme il paraît constant que l'apôtre du pays d'Herbauges est un disciple et un des coopérateurs les plus efficaces de l'illustre Félix évêque de Nantes, il faut nécessairement admettre qu'il vécut au vi° siècle. Il mourut à la fin de ce siècle ou au commencement du suivant (2).

Quoi qu'il en soit de l'époque où vivait saint Martin de Vertou, il paraît très probable qu'il a gouverné ou réformé l'abbaye d'Ension. Durinum (Saint-Georges de Montaigu), où il mourut le 9 des calendes de novembre et d'où il fut transporté à Vertou, était un double monastère fondé par ses soins (3). Les deux monastères, qui existaient également à Ension au ix° siècle et qui dépendaient alors de celui de Vertou, quoiqu'ils se fussent soustraits depuis un certain temps à son obédience, semblent avoir eu pour origine un usage importé par saint Martin de Vertou, ou par les moines ses successeurs, ainsi que le remarque avec soin l'auteur du récit de la translation (4). Le gouvernement simultané de Vertou et d'Ension par l'abbé Laumégésile (5) vient apporter une nouvelle preuve de l'union ancienne des deux abbayes. Cette union, interrompue quelque temps à l'époque carlovingienne, se renoua bientôt en se modifiant, puisque, comme nous le dirons tout à l'heure,

---

(1) *Hist. eccés. du Poitou*, par dom Chamard. — *Hist. de Saint-Martin de Vertou*, par l'abbé Auber, p. 21, 68.
(2) C'est l'opinion adoptée par M. de la Borderie dans l'*Annuaire hist. et archéol. de Bretagne*, 1862, p. 201.
(3) *Annales bénédictines*, par Mabillon, t. I, 258.
(4) *Acta sanctorum*, t. X d'Octobre, p. 814-817.
(5) *Hist. eccés. du Poitou*, par dom Chamard, d'après la deuxième légende de saint Martin de Vertou, p. 404-409.

après sa restitution aux moines de Vertou, en 843, l'abbaye d'Ension devint à son tour chef d'ordre et vit tomber sous sa dépendance, depuis le xiie siècle au plus tard, celles de Vertou et de Saint-Georges de Montaigu, réduites à l'état de simples prieurés (1).

L'abbé Launégésile (*Leunegesilus*, *Leonegisilus*) gouvernait l'abbaye d'Ension vers le milieu du vie siècle. Les noms de ses prédécesseurs depuis saint Jouin sont demeurés ensevelis dans le plus profond oubli (2). Ce que l'on sait de sa personne et de sa vie se réduit à un seul fait. Il revêtit de l'habit monastique saint Généroux, qui lui succéda. Ce personnage appartient bien positivement au vie siècle. On est donc fixé sur l'époque où vivait Launégésile (3). Or, Launégésile est également contemporain de saint Martin de Vertou, si celui-ci, comme le fait semble à peu près certain, appartient au vie siècle. Il aurait donc été ou son disciple ou son coopérateur, puisqu'une ancienne légende lui attribue le gouvernement simultané des abbayes de Vertou et d'Ension. Mais, on doit le reconnaître, il y a, sur la vie de saint Martin de Vertou, des obscurités qui sont loin d'être éclaircies.

Saint Généroux, qui embrassa la vie religieuse au monastère d'Ension, sous Launégésile, au vie siècle, était, paraît-il, d'origine romaine. Ses éminentes vertus le signalèrent au choix de ses frères, qui le placèrent à leur tête après la mort de Launégésile. Le nouvel abbé admit dans les rangs de ses moines un jeune noble de Poitiers, nommé Paterne, que ses austères vertus firent parvenir plus tard à l'épis-

---

(1) *Annales bénédictines*, t. I, 258.— *Cartulaire de Saint-Jouin*, par Grand-maison.— *Ann. hist. et archéol. de Bretagne*, par de la Borderie, 1862, p. 201.
(2) *Annales bénédictines*, t. I, 81-83.— *Gallia christiana*, t. II.
(3) *Acta sanct. ordin. S. Bened.*, par d'Achéry et Mabillon, saecul. 2, p. 1190, 1101.— *Acta sanctorum*, t. III de Juillet, p. 47, 48.

copat. Élevé par une mère très pieuse, Julitta, veuve dès sa jeunesse, Paterne, devenu moine à Ension, marcha si rapidement dans les voies de la perfection chrétienne qu'il ne trouva plus la règle assez sévère. Il résolut de quitter le sol natal et le voisinage de sa famille pour se livrer plus complètement à la vie contemplative. Fuyant donc le monastère avec un compagnon, le moine Scubilion, il se retira dans le diocèse de Coutances, où il vécut en solitaire et évangélisa les habitants païens du pays de Granville. Au bout de trois ans, la réputation de sainteté de Paterne étant parvenue aux oreilles de l'abbé Généroux, celui-ci partit pour essayer de le ramener à Ension. Mais l'évêque de Coutances, Leontianus, retint Paterne auprès de lui en l'ordonnant prêtre. L'abbé Généroux ramena seulement Scubilion. Bientôt Paterne, grandissant dans l'estime publique, devint évêque d'Avranches.

Saint Généroux, son ancien maître, n'a pas laissé une mémoire moins vénérée. Il se retira lui aussi dans un lieu solitaire, sur les bords du Thoué, non loin de son abbaye, pour se livrer plus complètement à la vie contemplative. Il y mourut le 10 juillet d'une année indéterminée et fut enseveli dans son oratoire, sur l'emplacement duquel on éleva bientôt, à sa mémoire, une église célèbre par son style archaïque, qui, après avoir échappé à la destruction, vient d'être défigurée par une reconstruction qualifiée de restauration. Sa fête y a toujours été célébrée le 10 juillet, aussi bien qu'au monastère d'Ension (1).

(1) *Acta sanctorum*, t. III de Juillet, p. 47, 48.—*Acta sanct. ordin. S. Bened.* sæcul. 2, p. 1100, 1101.— *Annales bénédictines*, t. I, p. 81-83. — *Gallia christiana*, t. II. — Dom Chamard, dans sa savante *Histoire ecclésiastique du Poitou*, livre II, p. 202 (*Mém. des antiq. de l'Ouest*, t. II, 2ᵉ série), a fixé la mort de saint Généroux au 16 juillet 521, d'après un Propre du diocèse de Poitiers de 1682. Mais le 10 juillet a été adopté par les Bollandistes et les anciens Bénédictins. Quant à la date de 521, il nous paraît difficile, en

L'abbaye d'Ension fut gouvernée, après saint Géneroux, vers l'an 588, par Martien, *Martianus*. Mais on ignore s'il fut son successeur immédiat. Martien n'est connu que par le prologue de la Vie de saint Paterne, écrite par le célèbre poète Fortunat, évêque de Poitiers, qui la lui avait dédiée. Des érudits ont mis en doute sa personnalité et se sont demandé si ce Martien n'était point Martin de Vertou lui-même, dont le nom aurait été altéré. Il n'y aurait dans cette supposition rien d'impossible, s'il est vrai, comme l'ont admis, avec une certaine force, beaucoup d'auteurs, que saint Martin de Vertou appartienne au vi^e siècle (1).

Au surplus, la première période de l'existence de l'abbaye d'Ension est remplie d'obscurités, par suite de la perte des documents de cette époque reculée. Elle fut, pendant longtemps, une pépinière de saints. Outre saint Géneroux et saint Paterne, l'abbaye produisit saint Mérault ou Mérot (*Mairulfus*), qui fut honoré, plus tard, dans une église de Boismé où se trouvait son tombeau (2). Saint Mérault, qui vivait au vi^e siècle, y avait fondé une communauté monastique qui acquit une certaine importance, puisqu'une charte du xie siècle constate l'existence ancienne, à Boismé, de quatre églises : Saint-Pierre, Notre-Dame, Saint-Jean et

l'absence des actes du saint, d'être aussi précis. La mort de saint Géneroux nous semble devoir être rapportée à une époque sensiblement postérieure, vers 550 environ. Le sarcophage du saint abbé fut placé plus tard au-dessus de la porte de la sacristie. Une fresque et une inscription indiquaient le lieu de sa sépulture. Tout cela a été malheureusement détruit et déplacé, en 1844, par M. l'architecte Segrétain, restaurateur de la curieuse église de Saint-Géneroux. Les ossements du saint gisent aujourd'hui dans une caisse dans la sacristie, sans culte public, malgré les conclusions favorables d'une enquête canonique faite en 1845. (Dom Chamard, *loc. cit.*— *Pouillé du diocèse de Poitiers*, par Beauchet-Filleau, p. 380.)

(1) *Gallia christiana*, t. II.— *Acta sanct. ordin. S. Bened.* sæcul. 2, p. 1100, 1101. — Dom Estiennot, part. 2e, f° 180.

(2) *Cartulaire de Saint-Jouin*; introd. par M. Grandmaison. — Voir aussi notre *Histoire de Bressuire*.

Saint-Mérault. Plus tard, au ix° siècle probablement, ses reliques furent transportées, en tout ou en partie, dans l'abbaye d'Ension. Sa fête est fixée au 13 novembre par les martyrologes (1).

Saint Rufin, sur lequel on possède encore moins de renseignements, était aussi, paraît-il, un moine d'Ension (2). D'après dom Chamard, il aurait vécu au iv° ou au v° siècle ; mais, à cet égard, on ne peut rien affirmer. Saint Rufin, qualifié de martyr et de confesseur par d'anciens bréviaires, et notamment par celui de Saint-Jouin de Marnes, est inscrit au 14 juin et au 15 novembre. Ses reliques furent déposées, comme celles de tant d'autres saints, à Ension, où on les découvrit en 1130 (3). Mais, auparavant, son corps reposait à Moutiers près Argenton, petit monastère probablement fondé par ses soins ; une antique et curieuse inscription, découverte récemment dans l'église de Moutiers, le qualifie de confesseur (4).

Une autre illustration de l'abbaye d'Ension, c'est le moine Achard ou Aicadre, qui vivait vers la fin du vii° siècle.

(1) Dom Chamard (*Hist. ecclés. du Poitou*, liv. II, p. 194) prétend, d'après Dufour et M. Touchard, que des quatre églises de Boismé il n'en subsiste plus qu'une seule, celle de Saint-Mérault, dont le vocable aurait été ensuite changé en celui de Saint-Pierre. C'est une erreur. L'église de Saint-Mérault, signalée encore au xvii° siècle, n'existe plus depuis longtemps. Le quartier de Boismé où elle se trouvait porte le nom de Saint-Mérault, ainsi qu'une fontaine voisine. L'église Saint-Pierre a toujours été la principale. Notre-Dame dite de Bon-Secours, rebâtie au xvii° siècle, est une chapelle située derrière Saint-Pierre. Quant à Saint-Jean, tout souvenir en est perdu. Ces quatre églises données, au xi° siècle, à l'abbaye de Saint-Cyprien de Poitiers, ne semblent avoir jamais appartenu à l'abbaye de Saint-Jouin, malgré le séjour et la mort de saint Mérault à Boismé.

(2) *Antiquités bénédictines du diocèse de Poitiers*, par dom Estiennot (arch. de la Vienne).

(3) *Hist. ecclés. du Poitou*, par dom Chamard, liv. I, dans les *Mém. des antiquaires de l'Ouest*, t. XXXVII, p. 371-373.

(4) Voir notre dissertation sur la *Découverte d'un autel portatif et de reliques de saint Rufin dans l'église de Moutiers* (*Bull. des antiq. de l'Ouest*, 2° trim. 1881).

Achard, originaire du *suburbium* ou banlieue de Poitiers, était issu de parents nobles, Anschaire et Ermena, qui chargèrent de son éducation un maître savant, Ansfride, moine de Saint-Hilaire de Poitiers. Ayant pris l'habit monastique à Ension, il s'y distingua par ses vertus et en sortit pour fonder un monastère à Quinçay, plus tard Saint-Benoît de Quinçay, domaine dont ses parents firent don à l'abbaye de Saint-Filbert de Jumièges (1).

Durant les guerres du roi Pépin contre Waifer, duc d'Aquitaine, au viiie siècle, qui amenèrent la prise de Thouars par le roi en 762, l'abbaye d'Ension eut beaucoup à souffrir et éprouva divers désastres. Le relâchement s'y introduisit, la vie régulière disparut; des chanoines remplacèrent les moines et rompirent le lien d'obéissance qui les unissait à l'abbaye de Vertou (2). Plus tard, au ixe siècle, lorsque les descentes et les pillages des Normands contraignirent à la fuite les religieux des monastères du bas Poitou, ceux de Vertou, se souvenant que leurs frères d'Ension étaient de leur ordre et dans leur dépendance, songèrent à leur demander asile. Ils s'acheminèrent donc vers Ension, par l'Anjou, à la fin de juin 843, emportant avec eux le corps de saint Martin, leur illustre fondateur. Les chanoines d'Ension étaient alors gouvernés par un prévôt nommé Fulrade. Lorsqu'ils virent arriver les moines de Vertou, conduits par leur abbé Rainaldus, réclamant l'hospitalité et la reconnaissance de leur ancienne suprématie, ils éprouvèrent une pénible surprise. Ce qu'ils redoutaient, c'était l'obligation de reprendre la vie monastique. Leur détermination fut bientôt prise. Sans pitié pour les malheurs des fugitifs, ils refusèrent de les recevoir et leur signifièrent

(1) *Annales bénédictines*, t. I, 521.
(2) Dom Estiennot, part. 2°, f° 180.

de quitter le territoire d'Ension. Dans cette extrémité, les moines implorèrent le secours de Pépin II, roi d'Aquitaine. Ils partirent aussitôt pour l'Auvergne où se trouvait alors ce prince, qu'ils supplièrent de leur faire restituer l'abbaye d'Ension et un domaine, situé en Saintonge, nommé *Branziacum*, que Landri, comte de cette province, détenait en bénéfice. Pépin, auquel le roi Charles le Chauve disputait la possession de l'Aquitaine, et principalement celle du Poitou, était désireux de se faire des partisans et de faire acte d'autorité. Il accueillit favorablement la requête des moines de Vertou. Outre la restitution de *Branziacum* qu'il leur accorda du consentement de Landri, il ordonna que le monastère d'Ension serait remis entre leurs mains, que les chanoines qui l'occupaient reprendraient la vie monastique régulière et que ceux qui refuseraient seraient chassés. Il envoya au comte de Poitou un mandement qui lui prescrivait de mettre cet ordre à exécution (1).

Appuyés par cette puissante autorité, les moines de Vertou reprirent le chemin du Poitou. Après un voyage rempli de périls et de difficultés, ils prirent enfin possession de l'abbaye d'Ension. Ils trouvèrent là, comme nous l'avons expliqué plus haut, deux établissements : l'un, Saint-Jean-l'Évangéliste, situé sur la colline ; l'autre, Saint-Pierre, situé à l'orient, au lieu dit Châteaux. Le corps de saint Martin de Vertou, qu'ils n'avaient pas abandonné pendant leurs longues pérégrinations, fut enseveli dans l'église de Saint-Jean, près du tombeau de saint Jouin, fondateur d'Ension. Cet évènement dut avoir lieu à la fin de l'année 843 ou au commencement de 844. Peu de temps

---

(1) *Hist. de la translation de saint Martin de Vertou*, dans les *Acta sanctorum*, t. X d'Octobre, 814-817, et *Comment. de S. Martino Vertavense*, apud idem, p. 801.

après, le 4 des nones de décembre d'une année indéterminée, les reliques de saint Martin furent enlevées de l'église Saint-Jean et transférées dans celle de Saint-Pierre. Les réparations considérables entreprises dans l'abbaye par le nouvel abbé, Rainaldus, semblent avoir été la cause de cette nouvelle translation. En effet, après avoir installé les moines de Vertou à Ension, Rainaldus, appelé aussi Ramirandus, travailla non seulement à la réforme religieuse de l'abbaye, mais aussi à son renouvellement matériel. Près de l'église Saint-Jean-l'Évangéliste, existait une autre église parallèle dédiée à saint Jean Baptiste. Une voie publique les séparait ; mais on n'y passait jamais à cheval, par respect pour ces lieux saints. L'abbé Rainaud ou Ramirand la supprima, fit construire à la place des cellules pour ses moines et transforma l'église de Saint-Jean-Baptiste en réfectoire (1).

Le vieux bréviaire manuscrit de l'abbaye de Saint-Jouin où les anciens érudits ont puisé ces intéressants détails n'a pas, apparemment, fait connaître si l'église voisine de Saint-Jean-l'Évangéliste, conservée par l'abbé Rainaud, fut reconstruite ou réparée par ses soins. Ce point demeure incertain, et il est presque impossible d'avoir des renseignements précis sur la forme et la grandeur de cette antique basilique qui a précédé le magnifique édifice du XIIᵉ siècle, qui est encore debout. Cependant la Vie de saint Martin de Vertou et l'histoire de la translation de ses reliques à Ension, écrite au IXᵉ siècle, contient une indication assez curieuse. L'auteur raconte l'incendie d'une maison contiguë à la basilique, arrivé peu de temps après l'établissement des moines de Vertou à Ension. La basilique courut

(1) *Acta sanctorum*, ut supra, t. X d'Octobre, p. 801, 811-817. — Dom Estiennot, part. 2ᵉ, fº 180. — *Gallia christiana*, t. II.

un grand danger et ne fut sauvée que grâce au courage d'un religieux. Or le récit de cet évènement mentionne en passant l'existence d'une pyramide ou tour sur chacun des quatre angles de l'église (1).

Quoi qu'il en soit de cette vague indication, pourtant assez précieuse, les travaux de construction et de réparation entrepris par l'abbé Rainaud ont eu certainement beaucoup d'importance, et nous croyons y trouver la cause de la translation des reliques de saint Martin de l'église de Saint-Jean dans celle de Saint-Pierre de Châteaux, translation accomplie si peu de temps après leur arrivée à Ension. Bientôt, en 878 d'après les Bollandistes, sans doute après l'achèvement des travaux, ces précieuses reliques furent reportées dans la première église et placées avec soin dans un coffre avec d'autres reliques non moins vénérées (2). En effet, beaucoup d'églises ou de monastères de Bretagne et du bas Poitou, sans cesse ravagés par les Normands, envoyèrent à cette époque, comme l'avaient fait les moines de Vertou, les reliques de leurs saints patrons à l'abbaye d'Ension, qui semble avoir échappé aux atteintes des pirates. C'est ainsi qu'y furent transportées successivement les reliques de saint Lumine (*Leominii*), de saint Rufin (*Rufini*), de saint Mérault (*Mairulfi*), de saint Meen (*Mevenni*) et de saint Judicaël (*Judicaelis*), roi de Bretagne. Elles furent donc placées, suivant le témoignage d'Albert le Grand et de dom Lobineau, avec celles de saint Martin de Vertou dans un coffre après leur arrivée à Ension. Mais le corps de saint Martin y était arrivé dès 843, comme le dit l'histoire de la translation, et non pas en 878, ainsi que l'ont prétendu à tort

---

(1) *Acta sanctorum*, t. X d'Octobre, p. 814-817.
(2) *Acta sanctorum*, t. X d'Octobre, *Comment. de S. Martino Vertavense*, p. 801.

dom Lobineau et Albert le Grand. Cette dernière date, disent les Bollandistes, est très probablement celle de la seconde translation, lorsque les reliques de saint Martin, retirées de l'église de Saint-Pierre de Châteaux, furent réunies aux reliques des autres saints arrivés postérieurement (1). Cependant une partie des corps de saint Meen et de saint Judicaël, d'après le témoignage d'une chronique, fut déposée à Thouars dans une église de Saint-Martin dont la position n'a pu être exactement déterminée. Plus tard, à la fin du x° siècle, les reliques de ces deux saints furent enlevées de Thouars et d'Ension et transportées à Saint-Florent de Saumur (2).

Les corps de saint Martin de Vertou, de saint Lumine, de saint Rufin et de saint Mérault demeurèrent dans l'église de l'abbaye d'Ension, près du tombeau de saint Jouin, où ils furent découverts en 1130, lors de la reconstruction de ce monument. Cette découverte donna lieu à une nouvelle translation, c'est-à-dire au dépôt solennel des ossements dans des châsses neuves enrichies d'or et de pierreries, et fut célébrée par une grande fête qui, depuis lors, s'est toujours renouvelée chaque année au mois de septembre, le dimanche après la Nativité de la sainte Vierge (3). Quant au tombeau de saint Jouin près duquel furent déposées les reliques de saint Martin de Vertou dès leur arrivée à Ension, il était dans une crypte, dont il est fait mention dans le récit des miracles opérés par l'intercession de saint

---

(1) *Acta sanctorum*, t. X d'Octobre, *Comment. de S. Martino Vertav.*, p. 801.

(2) *Historia S. Florentii Salmurensis*, apud *Chroniques des églises d'Anjou*, p. 261. — M. Imbert, dans son *Hist. de Thouars*, pense que l'église Saint-Martin de cette ville était située sur le bord du Thoué (p. 162). Il ne s'agit donc pas de Saint-Médard, comme l'a supposé l'éditeur des *Chroniques d'Anjou*.

(3) *Acta sanctorum*, t. X d'Octobre, *Comment. de S. Martino*, p. 801. — Bibl. nat., f. lat. 5449, f° 5.

Martin (1). Mais on ne possède à ce sujet aucun renseignement. Il existe dans l'église actuelle de Saint-Jouin, derrière le chœur, une petite crypte qui a sans doute été reconstruite, comme l'église, au xiie siècle, sur l'emplacement de l'ancienne.

Jusqu'ici l'abbaye fondée par saint Jouin a toujours porté son vieux nom d'Ension. Au ixe siècle, elle est désignée dans les actes publics, et notamment dans un acte de l'an 876 dont nous allons parler, sous la double dénomination de Saint-Jouin d'Ension (*monasterium Sancti Jovini Hensionense*) et de Saint-Martin de Vertou (*Sancti Martini Vertavense*). Cette dernière désignation prouve l'influence exercée sur l'abbaye d'Ension par celle de Vertou, et confirme la tradition qui attribue à saint Martin le gouvernement simultané des deux monastères. Pendant plus d'un siècle encore, Ension portera ces deux noms, puis celui de Saint-Jouin prévaudra (2).

CHAPITRE III.

HISTOIRE DE L'ABBAYE, DU IXe SIÈCLE A 1130.

L'établissement des moines de Vertou à Saint-Jouin et la réforme religieuse qu'y apporta leur abbé Rainaud changèrent sa situation et lui rendirent son ancienne prospérité. L'abbaye, qui jadis dépendait de celle de Vertou, lui imposa à son tour sa suprématie. Vertou abandonnée devint un simple prieuré relevant de Saint-Jouin (3). Les nombreux miracles opérés par l'intercession de saint Martin près de son tombeau, et le refuge assuré que rencontraient au monastère

---

(1) *Acta sanctorum*, t. X d'Octobre, *Comment. de S. Martino*, p. 817.
(2) *Cartulaire de Saint-Jouin*.
(3) Dom Estiennot, parte 2a, fo 180.

de Saint-Jouin les victimes des guerres désastreuses de cette époque, attirèrent les pèlerins, provoquèrent les donations pieuses et déterminèrent beaucoup de gens à fixer leurs demeures autour de ses murs protecteurs. On cite une grande dame, nommée Rainsoinde, qui vint se fixer à Saint-Jouin et dont la servante, Gauzberge, fut guérie miraculeusement au tombeau de saint Martin. Un individu du nom d'Aldrincus, ayant abandonné la banlieue de Thouars, où il habitait, pour se soustraire aux incursions des Bretons, vint également se réfugier à Saint-Jouin et devint cuisinier de l'abbaye (1).

La première donation dont la charte authentique soit parvenue jusqu'à nous dans le cartulaire date du mois d'août 876. Elle émane d'un certain Radbaldus, qui donne au monastère et à la basilique de Saint-Jouin et de Saint-Martin un alleu qu'il possède dans la villa de Rigny (*Regniaco*), viguerie de Thouars, avec les maisons, vignes et jardins qui en dépendent, et une église dédiée à saint Hilaire, située au même lieu, avec la terre qui lui appartient sur le bord du chemin public. Radbaldus ajoute une portion d'un autre alleu à Faye. L'acte est passé en présence et sous les sceaux de Geoffroi Ier, vicomte de Thouars, du viguier Waracon et de plusieurs seigneurs du pays (2).

Il faut descendre jusqu'à 916 pour trouver une autre donation, faite par un prêtre nommé Foucard (*Fulquardo*). Elle consistait en une manse d'une contenance de huit jougs environ, comprenant cour, jardin et vignes, située à

---

(1) *Acta sanctorum*, t. X d'Octobre, p. 814-818. — Les incursions bretonnes auxquelles il est fait allusion sont probablement celles opérées par Noménoé, roi de Bretagne, en Anjou et marches de Poitou vers 850.

(2) *Cartulaire de Saint-Jouin*, par M. Grandmaison, p. 12.

Luzay (*Lusiaco*), comté de Thouars. L'acte est signé par le viguier Acton (1). En 964, au mois d'août, un autre personnage, nommé Israël, préoccupé de l'approche de la fin du monde, qu'une croyance vulgaire fixait à l'an 1000, donna à l'abbaye son alleu de Rigny, sous la garantie des signatures du vicomte de Thouars Arbert, du viguier Guillaume et d'autres grands seigneurs (2). C'est sous la même impression de frayeur causée par l'attente de la fin du monde qu'un grand seigneur, Hubert, et Mélescende, son épouse, donnèrent leur alleu de Luzay à l'abbaye de Saint-Jouin, au mois de juillet 978, donation confirmée par Aimeri III, vicomte de Thouars (3).

Les successeurs immédiats de l'abbé Rainaud ou Ramirand, le rénovateur de Saint-Jouin en 844, ne sont pas connus. Le premier après lui dont le nom ait été transmis par les chartes, Narbert, gouvernait l'abbaye vers l'an 990. Il concéda en usufruit à deux frères, Geoffroy et Gumbaud, un moulin situé à Maranzais (*Marinzago*), viguerie de Thouars, moyennant un cens annuel de trois boisseaux de froment payable à l'abbaye le jour de la fête de saint Martin de Vertou, 24 octobre (4). L'abbé Bérenger succéda à Narbert. Il reçut, vers l'an 994, au mois de mai, au nom de son monastère, d'un certain Ebbon et de son épouse Anne, le don d'un joug (*unum juctum*) de terre dans son alleu à Rigny, près de l'église de Saint-Hilaire et des terres déjà possédées par Saint-Jouin en vertu des donations précédentes. La présence du vicomte de Thouars Aimeri III et de ses principaux vassaux en qualité de témoins et garants de cet acte

(1) *Cartulaire de Saint-Jouin*, par M. Grandmaison, p. 14.
(2) *Cartulaire de Saint-Jouin*, p. 17.
(3) Idem, p. 11 : « Mundi terminum appropinquante ruina, crebrescentibus jam certa signa videntur, idcirco, ego in Dei nomine Ucbertus..... »
(4) Idem, p. 15.

doit faire considérer son auteur, Ebbon, comme un personnage du même rang et de la même condition (1).

Sous l'abbé Robert, successeur de Bérenger, les reliques de saint Judicaël et de saint Meen, déposées à Saint-Jouin et à Thouars au ɪxᵉ siècle, comme nous l'avons dit plus haut, furent transportées à Saint-Florent de Saumur (2). Robert compléta le domaine de l'abbaye de Saint-Jouin à Rigny en achetant d'un nommé Aimeri, vers 997, deux jougs de terre détachés de l'alleu dudit Aimeri, moyennant la somme de dix sous. L'acte est signé et confirmé par Savari III, vicomte de Thouars (3). Un grand seigneur du pays, Cadelon ou Chaslon, donna, à la même époque, vers l'an 1000, à l'abbaye, son alleu situé à Boussais (*Buziaco*), sur le bord du Thouaret (*Thoarius minor*). Son fils Ebbon confirma un peu plus tard cette donation (4).

L'abbé Gérard, successeur de Robert dans le gouvernement de Saint-Jouin, ayant obtenu de Foulques Nerra, comte d'Anjou, la permission de construire à Vihiers deux églises, l'une en l'honneur de Notre-Dame et de saint Jouin, l'autre de saint Hilaire, le comte constitua des revenus à ces nouvelles églises par la concession de divers droits dont il se dépouilla en leur faveur, par acte passé à Vihiers, vers l'an 1016 (5). C'est l'origine du prieuré de Saint-Jouin de Vihiers.

Un autre prieuré, plus rapproché, fut établi par les moines de Saint-Jouin à Saint-Jacques de Montauban à Thouars, grâce aux libéralités d'une grande famille. Rai-

---

(1) *Cartulaire de Saint-Jouin*, p. 17.
(2) *Historia S. Florentii Salmurensis*, dans les *Chron. des églises d'Anjou*, p. 261.
(3) *Cartulaire de Saint-Jouin*, p. 16.
(4) Idem, p. 11.
(5) Idem, p. 19.

naud, l'un des principaux chevaliers de la cour des vicomtes de Thouars, ayant acheté un alleu près de cette ville, au lieu dit Montauban (*Monte-Alboini*), y avait fait élever une église en l'honneur de saint Jacques et de saint Jean l'Évangéliste. Il avait promis à l'abbé Gérard de la donner à son monastère pour y établir des moines et y faire le service religieux. Mais, la mort les ayant enlevés tous les deux, l'affaire ne put se conclure. L'abbé Simon, successeur de Gérard, s'empressa de demander à Dodelin, fils de Rainaud, l'accomplissement de la promesse de son père. Dodelin y consentit sans difficulté. Par acte solennel du mois de janvier 1038, passé en présence de son seigneur le vicomte de Thouars, Geoffroy II, il concéda à l'abbaye de Saint-Jouin l'église de Saint-Jacques de Montauban, avec les livres et les ornements dont elle était déjà dotée. La donation de Dodelin était absolument gratuite; mais son frère, Pierre, possesseur de la moitié du domaine, se réserva l'usufruit de cette moitié, et le vicomte de Thouars, encore plus exigeant, reçut des moines de Saint-Jouin la somme de huit cents sous pour prix de son consentement (1). Le moine Thomas, installé à Saint-Jacques comme prieur, reçut, au profit du nouvel établissement, d'un certain Benoît, chevalier de la cour de Thouars, le don d'une terre au moulin de Maranzai (*Marouziaco*) et un cens de douze deniers sur un pré, moyennant la somme de soixante sous (2).

L'acquisition du prieuré de Saint-Jacques, à l'occasion de laquelle il avait fallu payer huit cents sous au vicomte de Thouars, avait lourdement grevé les finances de Saint-Jouin. Pour acquitter cette somme, qui semble avoir constitué une véritable exaction, l'abbé Simon avait emprunté trois cents

(1) *Cartulaire de Saint-Jouin*, p. 1-3.
(2) Idem, p. 6.

sous à un prêtre, nommé Bernier, auquel il avait donné en garantie le moulin de Maranzai. Celui-ci l'avait transmis en usufruit à sa femme Girberge, qui, devenue veuve, se remaria. Guillaume, son deuxième époux, demanda à l'abbaye une nouvelle concession du moulin. Mais les moines refusèrent et reprirent possession du domaine. De là un litige, qu'apaisa une transaction, intervenue vers 1050, par laquelle l'abbé Simon paya quarante sous à Guillaume et à Girberge (1). La mention d'un prêtre marié que nous trouvons dans cet acte ne doit pas nous surprendre : on n'ignore pas, en effet, qu'au xi° siècle le mariage fréquent des prêtres séculiers était la grande plaie qui désolait l'Église. Il ne fallut rien moins que l'énergie du pape Grégoire VII et de ses successeurs pour y porter remède.

L'abbaye de Saint-Jouin dégreva, vers 1040, la terre qu'elle possédait dans le lieu dit *Pricimacus*, d'un droit de commendice appartenant à un certain Roho, en lui payant la somme de 10 sous. Cet acte fut négocié par l'abbé Simon et le prévôt Ebraud (2). Mais le plus grand bienfait qu'elle ait reçu à cette époque, c'est la délivrance de l'oppression que fit peser sur elle le comte d'Anjou, Geoffroi Martel. Bien différent de son père Foulques Nerra, protecteur de Saint-Jouin, il lui imposa des charges ou des devoirs sur la nature desquels les chartes ne s'expliquent point clairement, mais qui étaient, paraît-il, fort lourds et fort gênants. Le motif de cette conduite n'est point connu. Agissait-il par pur caprice et par violence, comme tant d'autres seigneurs de ce temps-là, ou bien avait-il eu à se plaindre de l'attitude de l'abbaye lors de la grande guerre qu'il soutint contre Guillaume le Gros, comte de Poitiers, guerre qui

---

(1) *Cartulaire de Saint-Jouin*, p. 8.
(2) Idem, p. 9.

s'était terminée dans les champs mêmes de Saint-Jouin, le 9 septembre 1033, par la bataille de Mont-Coué, si désastreuse pour le comte de Poitiers? C'est un point qu'il est impossible d'éclaircir. Quoi qu'il en soit, à la fin de sa vie Geoffroi Martel se repentit et fit de nombreuses donations ou plutôt des restitutions au monastère. Son neveu et successeur, Foulques IV, fit mieux encore. Par acte solennel, en présence des seigneurs de sa cour, le 19 juin 1069, il déclara l'abbaye de Saint-Jouin libre de toute servitude et rétablie dans l'état prospère dont elle jouissait sous Foulques Nerra (1).

L'abbaye avait eu aussi à se plaindre des violences commises contre son prieuré de Saint-Jouin de Vihiers par Gaubert de la Porte, seigneur de la moitié de la paroisse de Vihiers. Malgré la permission de construire trois églises dans le château de ce lieu, donnée aux moines par Foulques Nerra, et la concession de droits faite en même temps par ce comte en 1016, Gaubert de la Porte les avait toujours empêchés de jouir paisiblement de leur nouvelle propriété et n'avait jamais voulu consentir à leur laisser construire les églises. Enfin, le remords étant entré dans son âme lors de la mort de son épouse Adélaïde, il abandonna, en 1070, ses injustes prétentions et se dépouilla en faveur de l'abbaye de Saint-Jouin de la moitié de la paroisse de Saint-Hilaire de Vihiers, dont il était possesseur (2).

La mauvaise foi de Rainaud, fils de Dodelin, donateur du prieuré de Saint-Jacques de Montauban de Thouars, suscita d'autres difficultés à l'abbaye de Saint-Jouin. Les conventions passées autrefois avec son père et son oncle ayant été contestées par lui devant la cour du vicomte

(1) *Cartulaire de Saint-Jouin*, p. 20.
(2) Idem, p. 22.

meri IV, l'abbé Simon accepta d'en passer par son jugement. Mais, sur le conseil du vicomte, il transigea et fit ratifier les anciens actes en comptant à Rainaud la somme de soixante sous. Cet arrangement fut signé devant la cour du vicomte, vers l'an 1092 (1).

L'abbaye de Saint-Jouin reçut, vers l'an 1090, de Thibaut de Beaumont, seigneur de Bressuire, l'importante donation de Notre-Dame de Bressuire et de l'église de Chiché. La libéralité d'un autre seigneur, Raoul, membre peut-être de la famille des Beaumont, la mit en possession, à la même époque, de Sainte-Radégonde de Cirière et de Saint-Pierre de Bretignolles (2). Vers l'an 1100, les seigneurs d'Argenton fondèrent, à la sollicitation de Raoul de la Fustaye, moine de Saint-Jouin, le prieuré de Saint-Gilles d'Argenton, qu'ils soumirent à l'abbaye. Raoul de la Fustaye fut un des compagnons du fameux Robert d'Arbrissel, avec lequel il coopéra à la fondation du célèbre monastère de Fontevrault et de Saint-Sulpice de Rennes, où il mourut (3). Le XIe siècle a été signalé par un grand mouvement de donations religieuses de ce genre. Toutes les églises indûment possédées par les seigneurs sont remises entre les mains réformatrices des monastères. Celui de Saint-Jouin fut un des plus richement dotés. La bulle de 1179 nous donnera l'énumération des nombreuses églises qui lui étaient alors soumises. Les chartes de donations originaires de la plupart d'entre elles ont péri, et nous n'avons pu relater que celles conservées par le cartulaire. Mais tout prouve qu'elles remontent toutes au XIe siècle.

Possesseurs de riches et nombreux domaines, les moines

---

(1) *Cartulaire de Saint-Jouin*, p. 4 et 5.
(2) Idem, p. 22-26. — Voir notre *Histoire de Bressuire*.
(3) *Antiquités bénédictines du Poitou*, par dom Estiennot (Arch. de la Vienne).

de Saint-Jouin songèrent, en 1095, à reconstruire leur abbaye et leur église. Les bâtiments élevés et réparés par l'abbé Rainaud ou Ramirand, au IX° siècle, ne répondaient plus sans doute aux goûts et aux besoins nouveaux. Les arts, et surtout l'art architectural, renaissaient de toutes parts. On ignore le nom de l'abbé qui prit l'initiative de la rénovation de l'abbaye de Saint-Jouin. Simon, qui la gouvernait depuis l'année 1037 environ, et qui vivait encore vers l'an 1092, n'existait plus très probablement en 1095, lorsque les travaux commencèrent. Il eût été trop vieux pour prendre en main une si lourde entreprise. C'est à l'abbé Brixius, qui lui succéda vers cette époque, qu'il faut probablement en rapporter l'honneur. Les moines de Saint-Jouin avaient été le chercher à l'abbaye de Saint-Florent de Saumur, dont la réputation de sainteté était alors très grande, pour le placer à leur tête (1). Brixius assista, le 7 décembre 1099, à la dédicace solennelle de Saint-Nicolas de la Chaise-le-Vicomte, fondée par les vicomtes de Thouars (2). La Chronique de Saint-Maixent, en mentionnant sous la date de 1095 la reconstruction de l'abbaye de Saint-Jouin, ne parle point, il est vrai, de cet abbé. Elle nous apprend seulement que cette œuvre importante fut commencée par un simple moine de l'abbaye nommé Raoul (3). Il s'agit là évidemment de l'architecte, et c'est un renseignement précieux, car les noms des constructeurs d'une foule de belles églises du moyen âge sont généralement ignorés. Celles de la période romane sont presque toujours l'œuvre des moines. L'église de la Chaise-le-Vi-

(1) *Historia S. Florentii Salmurensis*, dans les *Chroniques des églises d'Anjou*, p. 261.
(2) *Cartæ et chronica prioratus de Casa Vicecomitis*, dans les *Chroniques des églises d'Anjou*, p. 340.
(3) *Chronique de Saint-Maixent ou de Maillezais*, dans Labbe, t. II, p. 213.

comte, à la dédicace de laquelle assista l'abbé de Saint-Jouin, avait eu aussi pour architecte un moine du nom de Jean (1). Les arts et les sciences, réfugiés et conservés dans les abbayes, n'en sortirent guère qu'à la fin du xiie et au commencement du xiiie siècle pour se répandre dans les autres classes de la société.

Combien de temps dura la construction de la grande et magnifique église de Saint-Jouin ? Commencée en 1095, ne fut-elle terminée qu'en 1130, époque à laquelle auraient eu lieu, nous l'avons dit plus haut, la dédicace du principal autel et la translation solennelle des corps saints qui y étaient déposés depuis longtemps ? Malgré la longueur de cette période, il ne faudrait peut-être pas trop s'en étonner à cause des persécutions violentes du seigneur de Moncontour, qui réduisirent l'abbaye de Saint-Jouin à l'état le plus misérable, et ne cessèrent qu'en 1120, par l'intervention puissante du comte d'Anjou. Le moine Raoul, l'architecte de l'église et des autres constructions, ne tarda pas à être élevé à la dignité d'abbé, en considération de son mérite et de ses services. En effet, l'abbé Raoul, qui succéda à Brixius vers 1113, ne peut être, suivant toutes les apparences, que le moine architecte désigné par la Chronique de Saint-Maixent (2).

Le nouvel abbé recueillait un lourd héritage. Non seulement il avait à pourvoir aux charges onéreuses que devait nécessairement lui imposer la reconstruction de l'abbaye ; mais, tâche plus difficile, il avait à lutter contre les violences d'un voisin turbulent, le seigneur de Moncontour. Depuis longtemps, en effet, Pierre de Moncontour, marchant d'ailleurs sur les traces de son père et de son

---

(1) *Cartulaires du bas Poitou*, par Marchegay.
(2) *Gallia christiana*, t. II.

aïeul, avait usurpé sur le territoire de l'abbaye de Saint-Jouin le droit de juridiction et les autres droits féodaux. L'injustice de ses prétentions n'était pas douteuse, puisqu'elles contrevenaient formellement aux chartes de franchises concédées naguère par les comtes d'Anjou. Les exactions de Pierre de Moncontour furent si fréquentes et si violentes, que les moines, réduits à la misère, songeaient, paraît-il, à émigrer. Plusieurs fois l'abbé Raoul avait imploré la protection de Foulques V, comte d'Anjou, et celui-ci, mandant devant lui le seigneur de Moncontour qui était son vassal, lui avait prescrit de cesser ses usurpations tant sur les moines que sur leurs hommes du bourg de Saint-Jouin ou de leurs autres domaines, et de ne plus appliquer à des usages séculiers une terre consacrée au service de Dieu et déclarée libre par la libéralité des princes, plus de quatre cents ans avant l'existence de Moncontour. Mais les représentations du comte d'Anjou demeurèrent vaines. Ce que voyant, Foulques V, qui ménageait encore, malgré tout, Pierre de Moncontour, le cita devant sa cour, ainsi que l'abbé de Saint-Jouin, afin de juger l'affaire comme un procès ordinaire. Au jour désigné, en présence de tous les barons de sa cour, il poussa la condescendance jusqu'à lui demander s'il acceptait leur décision. Pierre ne put s'empêcher d'y consentir. Alors l'évêque d'Angers, Rainaud, donna lecture des chartes de liberté accordées à Saint-Jouin par les comtes Geoffroi Martel et Foulques IV. Puis les juges de la cour, qui étaient tous des seigneurs angevins, examinèrent les dires des deux parties pour rendre leur jugement. Pierre de Moncontour, pressentant bien qu'il lui serait défavorable, déclara tout à coup au comte, malgré sa promesse, qu'il ne l'accepterait pas à moins qu'il ne consacrût ses prétentions et celles de ses ancêtres. Foulques V, convaincu de la mauvaise foi éclatante de son vassal obstiné, résolut de mettre fin au litige par sa propre et souveraine autorité. Il affranchit l'abbaye de Saint-Jouin et tous ses domaines du droit de voirie ou de justice qui avait injustement pesé sur elle, déclara tous les hommes ou vassaux de l'abbaye, soit indigènes, soit étrangers, affranchis de tous services féodaux envers les seigneurs de Moncontour, et défendit aux hommes de Moncontour d'acheter des terres et de se marier sur le territoire de l'abbaye sans le consentement de l'abbé et de son chapitre. Cette charte, qui rendait enfin la paix et la liberté aux moines opprimés, fut signée à Saumur par le comte d'Anjou, au mois de mai (le 6 des nones) 1120 (1).

Foulques V voulut dédommager le monastère de Saint-Jouin des pertes que lui avaient causées les persécutions du seigneur de Moncontour. Par une autre charte de la même époque (vers l'an 1121), il lui donna le tiers du produit de la foire de la Saint-Jean à Vihiers, instituée par lui le jour de la dédicace de l'église de Saint-Jean-Baptiste de Vihiers par Pierre II, évêque de Poitiers. Cette église, on le sait, appartenait à Saint-Jouin (2). En 1125, il lui accorda la permission de construire au même lieu de Vihiers une autre église en l'honneur de saint Nicolas, dans un nouveau quartier qu'il venait de fonder en dehors du château (3). Vers la même époque (vers l'an 1120), l'abbé Raoul reçut au nom de ses moines, pour leur prieuré de Saint-Jacques de Thouars, d'un seigneur de la vicomté, nommé Foulques Meschin, un four et la viguerie de Sainte-

(1) *Cartulaire de Saint-Jouin*, p. 27-30.
(2) Idem, p. 31.
(3) Idem, p. 32.

Verge, fief que Foulques Meschin tenait de Gautier de Vaucouleur, son beau père (1).

L'achèvement de l'église de Saint-Jouin et la dédicace du grand autel, en 1130, furent célébrés, comme nous l'avons dit souvent plus haut, par une grande fête en l'honneur des corps saints qui y étaient déposés. Un évêque dont le nom n'est pas désigné, mais qui doit être l'évêque de Poitiers, Guillaume II Adelelme, consacra l'autel et le dédia à saint Jouin, à saint Martin de Vertou et à saint Sébastien. Les restes de saint Jouin et de saint Martin de Vertou, extraits de leur tombeau, furent enfermés dans une magnifique châsse de bois de cyprès recouverte d'or et d'argent et ornée de pierres précieuses, que l'on plaça ensuite sur le grand autel. On rendit les mêmes honneurs aux reliques de saint Mérault et de saint Rufin, que l'on déposa aussi dans une châsse presque aussi brillante (2).

---

(1) *Cartulaire de Saint-Jouin*, p. 7.
(2) Cartulaire de Saint-Jouin, manuscrit 5449 du fonds latin (Bibl. nat.).— Dom Chamard, *Hist. ecclésiastique du Poitou*, livre II, p. 195, d'après le manuscrit 5449. — Voici le texte souvent cité de cette portion du préambule historique du cartulaire : « Altare princeps ecclesiæ S. Johannis Evangelistæ
» anno 1130 denuo consecratum fuit ab episcopo cujus nomen reticetur, in
» honorem sanctorum Jovini, Martini atque Sebastiani : quod a calvinistis
» deformatum illustris Franciscus de Servient, cœnobii abbas et episcopus
» Bajocensis, anno 1656 denuo sacravit, una cum altaribus B. M. sanctorum
» apostolorum et Stæ Margaritæ.
» Insignes fuere templi hujus reliquiæ quas omnes cum thecis argenteis,
» candelabris calicibusque item argenteis, sub finem præcedentis sæculi
» distraxisse imo vendidisse fertur Arturus Cossæus, monasterii abbas commendatarius et episcopus Constantiensis. Inter hæc sacra pignora præ-
» cipue celebratur integrum corpus S. Jovini, quod in ecclesia S. Johannis
» Evangelistæ absconditum, dein anno 1130 tumulo extractum, in cupreo
» loculo, argento, auro lapidibusque pretiosis ornato inclusum, supra altare
» majus repositum fuit, una cum sacris B. Martini Vertavensis ossibus,
» quæ Vertavenses, metu Nortmannorum, Ensionem, ut diximus, transtu-
» lerant et in tumulo S. Jovini absconderant ; sanctorum quoque Marulfi
» seu Mairulfi et Rufini reliquiæ, theca cuprea argento obducta inclusæ,
» ornabant dextrum altaris eorum, sinistrum vero sanctorum Lemini et
» Judicaelis Britannorum principis aliquot reliquiæ servatæ. Ad hæc sacra

CHAPITRE IV.

L'ABBAYE DE 1130 AU XVIᵉ SIÈCLE.

La bienveillance des vicomtes de Thouars envers l'abbaye de Saint-Jouin forme un contraste éclatant avec la dureté des seigneurs de Moncontour. En 1139, le vicomte Aimeri VI, sur le point de mourir, manda l'abbé Simon II, successeur de Raoul, pour l'assister à ses derniers moments. Il se recommanda à ses prières et à celles de ses moines et obtint de lui la promesse de faire ensevelir son corps dans le cloître de Saint-Jouin. En reconnaissance de cette faveur et pour s'assurer le suffrage perpétuel de leurs prières, il leur donna le droit de fromentage perçu au profit des vicomtes sur les hommes relevant ou dépendant de l'abbaye. Aimeri VI mourut très peu de temps après cette donation, la même année. Le jour de ses funérailles, à Saint-Jouin, le vicomte Guillaume, son cousin et successeur, renouvela et confirma le don du droit de fromentage en présence d'une nombreuse assemblée de seigneurs. Guillaume déclare, dans la charte dressée à cette occasion, que sa libéralité est faite en vue du soulagement des âmes de son père et de son prédécesseur, tous deux ensevelis dans l'abbaye de Saint-Jouin. Le vicomte Aimeri V, père de Guillaume, était mort en 1127 (1).

» quædam S. Symphoriani, Antonli et Sebastiani ossa ab eodem Arturo
» expilata et abducta fuisse memorantur.
  » Supersunt tamen haud exiguæ motis reliquiæ in arcula lapidea sub
» altari S. Michaelis anno 1657 repertæ, quas S. Mairulfi esse N. de la Cha-
» pelle S. Jovini monachus recepta a majoribus traditione relatum tes-
» tatur. »
  (1) *Cartulaire de Saint-Jouin*, p. 33, 34.— *Histoire de Thouars*, par Imbert, p. 68, 69.—Le préambule du cartulaire mentionne l'existence des tombeaux de ces deux vicomtes dans le cloître de Saint-Jouin (f. lat. 5449, p. 17).

Le vicomte Geoffroi IV fit donation, en 1151, à l'abbaye de Saint-Jouin, encore gouvernée par Simon II, de la taille qu'il levait sur une borderie de terre dite de Rainiard de Villeneuve. En outre, il institua, en faveur des vassaux du monastère, de précieuses garanties de procédure contre les agissements de ses fermiers du péage et de ses sergents dans l'exercice de leurs fonctions. Cet acte fut signé dans l'église de Saint-Pierre de Thouars, en présence de nombreux dignitaires ecclésiastiques et de chevaliers de la vicomté (1). L'abbé Bernard, successeur de Simon II à Saint-Jouin, fut appelé, en 1173, près du même Geoffroi IV mourant, auquel il administra le sacrement de l'extrême-onction. Celui-ci donna au monastère le droit de fromentage que les hommes des chevaliers résidant sur la paroisse de Saint-Jouin et le territoire abbatial en général payaient aux vicomtes de Thouars. En reconnaissance de ce bienfait, les moines s'engagèrent à entretenir à perpétuité un prêtre chargé d'offrir chaque jour le saint sacrifice de la messe pour le repos de l'âme du vicomte. Ce don, qui complétait la première concession de fromentage faite en 1139, fut fait par Geoffroi IV, du consentement de son fils Aimeri et en présence de notables personnages, parmi lesquels nous citerons Pierre abbé de Saint-Laon de Thouars, Guillaume abbé d'Airvault, Jean bailli de l'abbaye de Saint-Jouin, et Juen prévôt du même lieu. L'existence de ces deux derniers officiers, signalés ici pour la première fois, prouve que l'abbaye exerçait les droits de justice sur son territoire (2). Le vicomte Geoffroy IV fut également enseveli dans le cloître de Saint-Jouin (3.)

(1) *Cartulaire de Saint-Jouin*, p. 35, 36.
(2) Idem, p. 37.
(3) F. lat. 5449.

Toutes ces libéralités, souvent méconnues par ceux-là même dont elles émanaient, avaient besoin, fait observer avec raison le savant éditeur du Cartulaire de Saint-Jouin, d'être consacrées par la grande autorité du moyen âge, le pape (1). L'abbé Nicolas, qui gouvernait alors Saint-Jouin, obtint du pape Alexandre III, en 1179, une bulle importante qui plaçait l'abbaye sous la puissante protection du Saint-Siège. Après avoir ordonné l'observation perpétuelle de la règle de Saint-Benoît, qui y était déjà établie, le pape confirma l'abbaye dans la possession de tous ses biens actuels et futurs. La bulle donne, à cette occasion, l'énumération des nombreuses églises qui relevaient alors de Saint-Jouin. C'est une précieuse statistique, qui supplée dans une certaine mesure aux chartes de donations de la plupart d'entre elles qui manquent dans le cartulaire. L'origine précise de leur possession par l'abbaye est donc inconnue. Mais si l'on en juge par celles de ces églises dont les titres originaires sont conservés, on peut en conclure que la plus grande partie est devenue la propriété de Saint-Jouin dans le cours du xi° siècle. Dans tous les cas, l'énumération de la bulle donne l'état exact de celles qui lui appartenaient en 1179. Elle présente en outre un grand intérêt au point de vue des anciens noms de lieux, qu'il n'est pas toujours facile d'identifier avec les dénominations modernes. Il importe, à ces différents titres, de la reproduire et de la traduire dans l'ordre même qu'elle a adopté :

« Villam ipsam in qua monasterium vestrum situm est » cum pertinentiis suis et Sancte Marie et Sancti Petri de » Castellis ecclesiis, que in eadem villa consistunt. » (Il s'agit, dans ce premier paragraphe, du bourg de Saint-

(1) *Introduction au Cartulaire de Saint-Jouin* par M. Grandmaison, p. vi.

Jouin, siège de l'abbaye, et des deux églises de Notre-Dame et de Saint-Pierre de Châteaux situées au village de Châteaux, à l'extrémité du parc de l'abbaye.)

« Ecclesiam de Marnis. » — Marnes.

« Ecclesiam Sancti Cirici. » — Saint-Cyr-sur-Dive, alias Saint-Chartres.

« S. Nicolai de Moncatorio. » — Saint-Nicolas de Moncontour.

« Sancte Marie et Sancti Marculphi ecclesias. » — Notre-Dame de Moncontour et Saint-Mérot près Moncontour.

« Ecclesiam de Vaus. »

« Ecclesiam de Ozileio. » — Ouzilly-Vignolles, église dédiée à saint Martin, aujourd'hui du doyenné de Moncontour.

« Ecclesiam de Alliera. »

« Ecclesiam de Calceia. » — La Chaussée, église dédiée à Notre-Dame.

« Ecclesiam Sancti Cassiani Laperere. » — Saint-Cassien, église réunie à Angliers.

« Ecclesiam Sancte Marie de Bavavo. »

« Ecclesiam Sancti Jovini de Faya. » — Saint-Jouin de Faye-la-Vineuse.

« Ecclesiam de la Menie. »

« Ecclesiam Sancte Marie de Calendraio. » — Notre-Dame de Chalandray.

« Ecclesiam Sancti Hilarii de Cramart. » — Saint-Hilaire de Cramart, ancienne paroisse réunie aujourd'hui à Chalandray.

« Ecclesiam de Rocafaton. » — Prieuré de la Rochefaton, paroisse de Lhoumois, près du château de la Rochefaton.

« Ecclesiam de Laigne. » — Saint-Hippolyte de Laigné ou Leigné, plus tard Lhoumois.

« Ecclesiam de Viannaio. » — Saint-Jouin de Viennay.

« Ecclesiam Sancti Generosi. » — Saint-Génerouy.

« Ecclesiam Sancti Hilarii de Avallaia. » — Availles-Thouarsais.

« Ecclesiam Sancti Johannis de Berchorio. » — Saint-Jean de Bressuire.

« Ecclesiam Sancte Marie cum ecclesia Sancti Nicolai que sunt in eadem villa. » — Notre-Dame et Saint-Nicolas de Bressuire.

« Ecclesiam de Milleio. » — Saint-Jouin de Milly.

« Ecclesiam de Chicheio. » — Chiché.

« Ecclesiam de Sileres. » — Cirières.

« Ecclesiam de Seresiaco. » — Saint-Pierre de Cerizay.

« Ecclesiam Sancte Andree super Separim. » — Saint-André-sur-Sèvre.

« Ecclesiam Sancti Maximini Veteris. » — Saint-Mesmin-le-Vieux.

« Ecclesiam de Pomaria. » — Saint-Martin de la Pommeraye.

« Ecclesiam Sancti Petri de Alba Petra. » — Saint-Pierre du Boupère.

« Ecclesiam Sancti Pauli. » — Saint-Paul en Pareds, au diocèse de Luçon.

« Ecclesiam de Rocatruo. » — Rochetrejoux, au diocèse de Luçon.

« Ecclesiam Sancti Processi. » — Saint-Prouent, au diocèse de Luçon.

« Ecclesiam Dampetri. » — Dompierre, au diocèse de Luçon.

« Ecclesiam Sancti Jovini de Malleonio. » — Saint-

Jouin-sous-Mauléon, aujourd'hui sous-Châtillon-sur-Sèvre.

« Ecclesiam beate Magdalene. » — Sainte-Marie-Madeleine de Mauléon, aujourd'hui Châtillon-sur-Sèvre. Elle n'existe plus.

« Ecclesiam beate Marie Virginis. » — Notre-Dame de Mauléon. Elle n'existe plus.

« Ecclesiam Sancti Melani. » — Saint-Melaine de Mauléon. Elle n'existe plus.

« Ecclesiam Sancti Johannis de Malebrario. » — Saint-Jean de Maulévrier.

« Ecclesiam Sancte Marie de Castro. » — Notre-Dame du château de Maulévrier.

« Sancti Petri, Sancti Hilarii de Salbronia ecclesias. » — Saint-Pierre et Saint-Hilaire des Echaubroignes.

« Ecclesiam de Serniaco. » — Saint-Louis du Placy ou du Plessis-d'Yzernay, au diocèse d'Angers, jadis du diocèse de Maillezais.

« Ecclesiam Sancti Michaelis de Cantelu. » — Saint-Michel de Chanteloup, près Cholet, diocèse d'Angers, jadis du diocèse de Maillezais.

« Ecclesiam Sancti Clementis. » — Saint-Clément de Cossé, canton de Chemillé.

« Ecclesiam de Cohaiaco. »

« Ecclesiam Santi Albini. » — Saint-Aubin de Baubigné.

« Ecclesiam Sancti Vincentii de Theofaugia. » — Saint-Vincent de Tiffauges.

« Ecclesiam Sancti Petri. »

« Ecclesiam Sancti Georgii. » — Saint-Georges de Montaigu, près Montaigu.

« Ecclesiam Sancti Fulgentii. » — Saint-Fulgent, diocèse de Luçon.

« Ecclesiam de Arbergamento Anterii. » — Lherbergement-Entier, diocèse de Luçon.

« Ecclesiam Sancti Mauricii de Monteacuto. » — Saint-Maurice de Montaigu.

« Ecclesiam Sancti Johannis. » — Saint-Jean-Baptiste de Montaigu.

« Ecclesiam Sancte Marie. » — Notre-Dame de Montaigu.

« Ecclesiam Sancti Nicolai. » — Saint-Nicolas de Montaigu.

« Ecclesiam Sancti Hilarii de Colui. » — Saint-Hilaire de Loulay, au diocèse de Luçon.

« Capellam de Boferre. » — Bouferé, au diocèse de Luçon.

« Ecclesiam Sancti Lazari. » — Prieuré Saint-Lazare, près Machecoul.

« Ecclesiam Sancti Gervasii. » — Prieuré de Saint-Gervais, diocèse de Luçon.

« Ecclesiam de Castro novo. » — Châteauneuf, annexe de Saint-Gervais.

« Ecclesiam Sancte Brigide. »

« Ecclesiam Sancti Nicolai de Prugne. » — Saint-Nicolas de Prigné, au diocèse de Nantes.

« Ecclesiam Sancti Johannis. »

« Ecclesiam Sancte Marie de Buniaco. » — Notre-Dame de Bouin, diocèse de Nantes.

« Ecclesiam de Guirchia Aiazinii Kirlichiarii. »

« Ecclesiam Sancti Jacobi de Piremil. » — Saint-Jacques de Pirmil, près Nantes.

« Ecclesiam Sancti Martini de Vertavo. » — Saint-Martin de Vertou.

« Ecclesiam Sancti Hilarii de Cuneo. » — Saint-Hilaire du Coin, au diocèse de Nantes.

« Ecclesiam de Ponte Sancti Martini. » — Pont-Saint-Martin, au diocèse de Nantes.

« Ecclesiam de Rezaio. » — Rézé, au diocèse de Nantes.

« Ecclesiam de Veio. » — Notre-Dame-de-Vue, au diocèse de Nantes.

« Ecclesiam Sancte Radegondis de Golena. » — Sainte-Radégonde de Goulaine, au diocèse de Nantes.

« Capellam Ælini. » — La Chapelle Heulin, diocèse de Nantes.

« Ecclesiam de Molueriis. » — Monnières, diocèse de Nantes.

« Ecclesiam de Bunio. » — Le Bignon, diocèse de Nantes.

« Ecclesiam de Gorgio. » — Gorges, au diocèse de Nantes.

« Ecclesiam de Palacio. » — Saint-Étienne du Pallet, au diocèse de Nantes.

« Ecclesiam de Mandilonio. »

« Ecclesiam Sancte Trinitatis de Clicio. » — La Trinité de Clisson.

« Ecclesiam Sancti Jacobi. » — Saint-Jacques de Clisson.

« Ecclesiam de Gestigne. » — Sainte-Radégonde de Gétigné, diocèse de Nantes.

« Ecclesiam Sancti Hilarii de Foresta. » — Saint-Hilaire du Bois, au diocèse de Nantes.

« Ecclesiam Sancti Crispini. » — Prieuré Saint-Crespin, au diocèse de Nantes.

« Ecclesiam Sancti Jacobi de Montefalconis. » — Saint-Jacques de Montfaucon.

« Ecclesiam beate Marie. » — Notre-Dame du Fief-Sauvin, au diocèse d'Angers.

« Ecclesiam beati Johannis. » — Saint-Jean de Montfaucon.

« Ecclesiam beati Germani, cum capella Sancti Egidii. » — Saint-Germain et Saint-Gilles, près Montfaucon, diocèse d'Angers.

« Ecclesiam de Renauderia. » — La Renaudière, canton de Montfaucon.

« Ecclesiam de Planteil. » — Notre-Dame du Plantis, commune de la Renaudière. Elle n'existe plus.

« Ecclesiam de Gresso. »

« Ecclesiam Sancti Petri de Geste. » — Saint-Pierre de Gesté, au diocèse d'Angers, canton de Beaupréau.

« Ecclesiam Sancti Vincentii. » — C'était très probablement une des deux églises existant à Gesté qu'un évêque de Nantes confirma à Saint-Martin de Vertou vers 1070 (*Dict. hist. de Maine-et-Loire,* par C. Port, t. II, p. 258).

« Ecclesiam de Fay. »

« Ecclesiam de Boeria et Guecholet. »

« Ecclesiam Sancti Jovini de Viherio. » — Saint-Jouin de Vihiers.

« Ecclesiam Sancti Nicolai. » — Saint-Nicolas de Vihiers, fondé en 1125.

« Ecclesiam Sancti Johannis. » — Saint-Jean de Vihiers (donation de 1016).

« Ecclesiam Sancti Hilarii. » — Saint-Hilaire de Vihiers (donation de 1016).

« Ecclesiam de Bosco. » — Saint-Hilaire du Bois, près Vihiers.

« Ecclesiam de Sarcos. » — Les Cerqueux de Maulévrier.

« Capellam Johannis Charin. »

« Ecclesiam Sancti Egidii de Argentonio. » — Saint-Gilles d'Argenton.

« Ecclesiam Sancti Georgii. » — Saint-Georges d'Argenton.

« Ecclesiam de Busseia. » — Boesse, près Argenton-Château.

« Ecclesiam novam beate Marie. »

« Ecclesiam de Breil. » — Le Breuil-sous-Argenton.

« Ecclesiam Sancte Marie de Thoarcio. » — Notre-Dame de Thouars.

« Ecclesiam Sancti Jacobi. » — Saint-Jacques de Montauban de Thouars.

« Ecclesiam Sancti Nicolai. » — Saint-Nicolas du Roc, au bourg de Saint-Jacques-de-Montauban. Elle n'existe plus.

« Ecclesiam de Regneio. » — Saint-Hilaire de Rigné (donation de 876).

Ecclesiam Sancti Martini in eodem castello Thoarcii. » — Saint-Martin de Thouars, église détruite depuis, et dont la situation n'est pas exactement connue.

« Ecclesiam Sancte Virgane. » — Sainte-Verge.

« Ecclesiam Sancte Marie de Fusteia. » — Notre-Dame de la Futaye, au diocèse du Mans.

« Ecclesiam Sancti Medardi. » — Saint-Mars-sur-la-Futaie, diocèse du Mans, canton de Landivy, département de la Mayenne.

« Ecclesiam Delondani. »

« Ecclesiam de Javalanda. »

« Ecclesiam beati Martini que est in foresta Meduane et domum Calidonis. » — Saint-Martin de Mayenne.

« Ecclesiam Sancti Michaelis de Chergant. »

« Ecclesiam Sancti Jacobi de Ponte Romano. »

« Ecclesiam de Rugnereal. »

« Ecclesiam Sancti Jacobi de Erneia. » — Saint-Jacques d'Ernée.

« Ecclesiam de Pertreio. » — Le Pertre, au diocèse de Rennes.

La bulle de 1179 n'est pas seulement une simple confirmation des biens temporels de l'abbaye de Saint-Jouin ; elle lui concède aussi d'importantes prérogatives. Le choix des curés dans les églises qui lui appartiennent lui est réservé, et les évêques auxquels ils sont présentés ne peuvent que leur conférer le pouvoir spirituel s'ils les trouvent convenables. Les curés ainsi nommés ne peuvent être dépouillés de leurs fonctions et de leurs bénéfices, ou suspendus par les évêques, sans jugement et cause raisonnable. Le pape autorise l'abbé à recevoir dans son monastère, sans que personne puisse y mettre obstacle, toutes personnes, clercs ou laïques, qui, fuyant le monde, voudraient y embrasser la vie religieuse. Il défend à tous ceux qui y auront fait profession, d'en sortir, même pour entrer dans un ordre plus sévère, sans la permission écrite de l'abbé. Il accorde au monastère, en cas d'interdit général jeté sur le pays, le privilège considérable de continuer la célébration des offices et de donner la sépulture ecclésiastique à tous les fidèles qui voudront se faire ensevelir à Saint-Jouin, à moins qu'ils ne soient excommuniés. L'élection des abbés par les moines, conformément à la règle de Saint-Benoît, est confirmée et recommandée. L'exemption de la dîme est accordée sur les terres que les moines cultivent de leurs propres mains ou à leurs frais. Enfin le pape défend, sous peine d'excommunication, à toute personne ecclésiastique ou séculière, de rien entreprendre contre les droits et propriétés du monastère, en réservant toutefois les droits de l'autorité apostolique et ceux de la justice épiscopale (1).

(1) *Cartulaire de Saint-Jouin*, p. 38, 43.

Le gouvernement de l'abbé Pierre I.er, successeur de Nicolas, n'est signalé que par deux actes d'un intérêt secondaire. Guillaume, seigneur de Maulévrier, restitua en 1186, grâce à l'intervention de l'évêque de Poitiers, Guillaume Templier, quelques droits qu'il avait usurpés sur le prieuré de Maulévrier. En 1189, une transaction sur un différend de même nature intervint entre le prévôt de Vertou et Guillaume de Goulaine (1).

L'abbé Renaud, dont le nom est resté inconnu aux auteurs du *Gallia christiana*, reçut, au nom de son monastère de Saint-Jouin, en 1199, d'Aimeri VII, vicomte de Thouars, de sa sœur Philippe et de ses neveux Geoffroi et Guy d'Argenton, fils de ladite Philippe, le don d'une chapelle de Notre-Dame située près du cimetière d'Argenton. Cette chapelle avait été jadis fondée et dotée par Eustochie, dame d'Argenton, du consentement de ses fils Pierre de Chemillé et Aimeri d'Argenton. Elle se trouvait placée sur le territoire de la paroisse de Saint-Gilles d'Argenton, qui appartenait à Saint-Jouin. La donation qui lui en fut faite en 1199 comportait l'obligation d'y placer deux moines pour la desservir. Cet acte fut confirmé par Maurice, évêque de Poitiers, en présence des donateurs et de nombreux témoins : Geoffroy de Lusignan; Pierre, abbé d'Airvault; Guillaume Daniel, de Châteaumur; maître Landri, médecin; Aimeri Amelin, aumônier de Saint-Jouin ; André, prévôt de ladite abbaye; Geoffroi Rocher, prieur de Sainte-Verge, etc. (2).

Geoffroi, seigneur d'Argenton, qui figure dans la donation précédente, concéda également à l'abbaye de Saint-Jouin, par acte passé dans le cloître de Saint-Gilles d'Argenton, en 1207, la bourgeoisie d'un certain Arnaud Robert avec

(1) *Gallia christiana*, t. II.
(2) *Cartulaire de Saint-Jouin*, p. 44.

ses dépendances, et tous ceux qui la posséderont à perpétuité, affranchis de tous services féodaux envers lui. En compensation, les moines seront tenus de recevoir parmi eux son clerc Maurice. Parmi les témoins figurent G. de Senzay, prieur d'Argenton, et un chevalier du même nom, R. de Senzay, probablement son parent (1). Renaud était encore abbé à cette époque. Plus tard, le 11 février 1223, Geoffroi d'Argenton affranchit de toutes redevances le prieuré de Saint-Gilles (2).

La prospérité de l'abbaye de Saint-Jouin ne semble pas avoir été troublée ni arrêtée par la lutte des rois de France et d'Angleterre, qui se disputèrent la possession du Poitou pendant la fin du xii° et le commencement du xiii° siècle, lutte à laquelle prirent une part très vive les seigneurs de la province, et notamment les vicomtes de Thouars. Elle ne fit, au contraire, qu'augmenter par suite des donations qui affluaient de toutes parts. Les vicomtes de Thouars continuèrent à se signaler par leur générosité. Aimeri VII, vicomte alors régnant, donna à l'abbaye, au mois de juillet 1221, une rente de six setiers de froment sur son fromentage de Thouars, à condition que les moines prieraient pour lui d'une manière spéciale et célébreraient, après sa mort, un service annuel pour le repos de son âme le jour anniversaire de sa mort. Par un autre acte de la même époque, juillet 1221, il lui assigna sur ses moulins de la chaussée de Thouars une rente de trente setiers de blé, dont quinze de froment et quinze de seigle. Mais c'était là une indemnité qu'il donnait à l'abbaye en dédommagement de la perte d'un moulin, détruit par ses ordres, qu'elle possédait sur le Thoué, au-dessous de la ville de

(1) *Cartulaire de Saint-Jouin,* p. 45, 46.
(2) Idem, p. 47.

Thouars (1). Enfin, au mois de mars 1226, il se dépouilla en sa faveur de ses droits de péage sur les habitants du bourg de Saint-Jouin, qu'il en déclara à jamais affranchis. L'acte est daté de la Chaise-le-Vicomte (2).

L'abbaye avait eu des démêlés assez graves, pour son prieuré de Chalandray, avec Guy de Rochefort, seigneur de la Motte de Chalandray. Celui-ci fut excommunié par trois délégués du pape, envoyés pour juger l'affaire. Guillaume l'Archevêque, seigneur de Parthenay, son suzerain, à l'autorité duquel on eut recours, s'engagea, au mois de juin 1226, à payer au monastère de Saint-Jouin, sur les revenus de Guy de Rochefort, une rente de cinquante livres tournois jusqu'à ce qu'il eût donné complète satisfaction (3).

L'abbé Hugues termina, en 1233, un autre litige qui durait depuis longtemps entre Renaud, seigneur de Maulévrier, et le prieuré de Saint-Jean de Maulévrier, propriété de l'abbaye de Saint-Jouin, au sujet du droit de haute justice et de voirie sur les habitants du territoire dudit prieuré. La transaction qu'il conclut avec le seigneur abandonnait au prieur la juridiction sur ses hommes, en y apportant toutefois certaines restrictions. Ainsi, les cas de flagrant délit bien constatés demeuraient de la compétence du bailli seigneurial. Les malfaiteurs accusés de crimes dignes de mort devaient être emprisonnés par le viguier du prieur, mais livrés à la justice du seigneur, seule compétente pour la condamnation et l'exécution, un jour et une nuit après l'arrestation. Le viguier du prieur, en cas d'évasion d'un prisonnier, pouvait être responsable envers le seigneur. Dans les accusations d'emploi de fausse mesure

(1) *Cartulaire de Saint-Jouin*, p. 46.
(2) Idem, p. 47.
(3) Idem, p. 48.

et de contraventions au péage, les hommes du prieuré de Maulévrier pourront se purger par serment, si le bailli du seigneur n'a pas de témoins à leur opposer. La transaction règle aussi le service militaire dû par les hommes du prieuré au seigneur de Maulévrier et au comte d'Anjou, son suzerain. Elle entre, sur toutes ces matières, dans des détails très intéressants pour l'histoire et les coutumes locales de Maulévrier (1).

L'abbé André se signala, en 1262, par l'énergie avec laquelle il défendit les dîmes de Marnes contre les prétentions des seigneurs de ce lieu (2). L'abbé Renaud II, son successeur, en 1277 au plus tard, régla, en 1286, une petite difficulté avec Renaud Fromont, prieur de Saint-Jouin de Mauléon. Il lui fit remise d'une rente de 12 sous qu'il devait à l'abbaye sur une maison située dans le territoire du prieuré de Mauléon, à condition que la maison deviendrait après sa mort la propriété de l'abbaye (3).

Guillaume Ier, abbé de Saint-Jouin en 1303 au plus tard, eut à soutenir un procès dispendieux contre Hugues l'Archevêque, seigneur de Parthenay, de Montfort et de Moncontour, qui avait cherché, sans doute, à faire revivre à son profit une partie des prétentions de ses prédécesseurs, les anciens seigneurs de Moncontour, jadis condamnées en 1120. Le point litigieux était encore le droit de haute justice et de grande voirie. Hugues l'avait exercé dans le bourg de Saint-Jouin et aux environs, dans ses fiefs et arrière-fiefs mouvant du comté d'Anjou, malgré les moines qui invoquaient une possession plusieurs fois séculaire. Sans attendre l'issue du procès porté par l'abbé de Saint-Jouin

---

(1) *Cartulaire de Saint-Jouin*, p. 49-54.
(2) *Gallia christiana*, t II.
(3) *Gallia christiana*. — Cartulaire de Saint-Jouin, p. 58.

en cour d'Église, les deux parties convinrent d'en confier le règlement au jugement de deux arbitres, Guy de Bauçay et Jean, sire de Vaucelle, bailli de Touraine. Ceux-ci, après avoir fait une enquête et entendu les moyens contradictoires, rendirent leur sentence, le 5 mars 1312, devant frère Pierre de Grip, procureur du monastère, et Aimeri de Moncher, châtelain de la Guerche, procureur du seigneur de Moncontour. Elle maintenait les droits anciens de l'abbaye sur toutes ses possessions situées dans les fiefs et arrière-fiefs du susdit seigneur, et notamment l'exercice de sa haute justice et grande voirie dans le bourg de Saint-Jouin et dans lesdits fiefs. Mais elle mettait à sa charge le remboursement au seigneur des frais du procès, montant à 150 livres (1).

L'administration des abbés François (1312) et Guillaume II Chabot (1321-1340) n'est signalée par aucun acte notable (2). Sous l'abbé Pierre II Bodin, quelques actes abusifs commis par les sergents de Louis, vicomte de Thouars, dans l'exercice de leurs fonctions, sur les terres de l'abbaye de Saint-Jouin, à Noizé, donnèrent lieu à un procès qui fut vidé par la cour du roi, à Paris. Il s'agissait de savoir laquelle des deux juridictions, celle du sénéchal de Poitou ou celle du bailli de Touraine, était compétente. Le vicomte affirmait que Noizé ressortait du Poitou. En effet, disait-il, la vicomté de Thouars a fait partie de toute antiquité du comté de Poitou; or l'abbaye de Saint-Jouin, ses domaines, ses hommes dépendent incontestablement de la vicomté dans les limites de laquelle ils se trouvent. Un roi de France, il est vrai, avait jadis transféré le ressort de la vicomté de Thouars à Loudun, qui est du bailliage de Tou-

(1) *Cartulaire de Saint-Jouin*, p. 59.
(2) *Gallia christiana*, t. II.

raine, et l'abbaye, pour ce motif, sans qu'il en fût fait mention spéciale, ressortit également de Loudun comme dépendance de la vicomté. Mais, le roi Philippe le Bel ayant restitué à Poitiers le ressort de la vicomté, il s'ensuivait rigoureusement que l'abbaye, et notamment sa terre de Noizé, où le vicomte Louis assurait, d'ailleurs, avoir toujours eu la juridiction et le droit d'envoyer ses sergents pour lever les tailles, devaient ressortir du sénéchal de Poitou et non pas du bailli de Touraine. L'abbé de Saint-Jouin prétendait que son monastère avec toutes ses dépendances, notamment Noizé, placé sous la sauvegarde du roi, ressortait de la châtellenie de Loudun, bailliage de Touraine; qu'il était complètement séparé de la vicomté de Thouars; que les baillis de Touraine en avaient été les gardiens et en avaient exercé le ressort depuis un temps immémorial, et qu'à ce titre leurs sergents avaient instrumenté à Noizé. Il demandait donc le maintien de l'état ancien, soutenant que l'abbaye était séparée de la vicomté et ne pouvait être comprise dans le changement de ressort qui avait été opéré. La cour du roi, après enquête, repoussa cette prétention insoutenable. Elle déclara, le 23 décembre 1348, que Noizé, aussi bien que tous les domaines de Saint-Jouin, devait ressortir de la sénéchaussée de Poitou comme dépendance de la vicomté de Thouars (1).

De nouvelles contestations survenues entre l'abbaye et le vicomte de Thouars, au sujet de leurs juridictions respectives, presque aussitôt après le procès précédent, dont elles étaient peut-être bien la conséquence, se terminèrent, au mois d'avril 1350, par une transaction définitive réglant d'une manière précise et détaillée les droits des deux

(1) *Cartulaire de Saint-Jouin*, p. 60-62.

parties. L'abbaye de Saint-Jouin avec son enclos et tout ce qu'il comprend, c'est-à-dire la segretanerie, la vigne joignant aux grands murs, le bois et le pré qui y touchent, les maisons de l'aumônerie, du prévot, du chambrier, infirmier et cellérier demeureront aux religieux en franchise et liberté. Ils y auront droit de justice haute, moyenne et basse ressortant de Poitiers, sans intermédiaire, et les vicomtes ne pourront y prétendre aucun ressort. Les religieux jouiront des mêmes franchises et juridiction sur les domaines qu'ils possèdent dans le bourg de Saint-Jouin, à Germon, à Douron, à Noizé, à Jeu et Availle. Cependant ils n'auront que la basse justice à Jeu et à Availle où le vicomte se réserve la haute justice, sauf sur leurs maisons et enclos situés dans ces deux dernières localités. La haute et moyenne juridiction de l'abbaye, excepté à Saint-Jouin, comme il est dit plus haut, ressortira des vicomtes; mais la basse justice en sera exempte. Le droit de ressort des vicomtes ne pourra s'exercer qu'aux grandes assises de Thouars, par l'intermédiaire d'un seul sergent qui ne pourra résider sur les terres des religieux. Tous les hommes de l'abbaye habitant ses domaines ci-dessus désignés seront exempts du guet et garde au château de Thouars. Ils seront également exempts de la taille des vicomtes sur toutes leurs terres situées dans la juridiction des religieux. Cette transaction fut confirmée par arrêt du Parlement du 28 avril 1350 (1).

Il y a, il nous semble, une conclusion à tirer de ces procès sans cesse renaissants au sujet de la juridiction. L'abbaye de Saint-Jouin, comme beaucoup d'autres, n'avait point sans doute toujours à se louer des justices seigneuriales. Elle tendait le plus possible à s'y soustraire pour se

(1) *Cartulaire de Saint-Jouin*, p. 63-68.— Dom Fonteneau, t. XXVI.

ranger sous la juridiction royale, plus élevée et plus impartiale. En effet, malgré les concordats conclus avec les seigneurs, les religieux eurent plus d'une fois à se plaindre de leur violation. Ainsi, en 1383, l'abbé de Saint-Jouin, ayant appris que le prieuré de Maulévrier était victime des empiétements et des violences de Régnault, seigneur de Maulévrier, l'ajourna au Parlement. Il demandait l'exécution du traité de 1233, confirmé en 1369 par le seigneur lui-même. Le procès traîna en longueur et ne fut terminé qu'en 1416 par un arrêt du Parlement du 2 juin qui, du consentement des parties, remit les choses dans l'état où elles étaient au commencement (1).

Les débats de 1348 et de 1350 n'avaient point altéré les bonnes relations de Louis, vicomte de Thouars, avec Saint-Jouin. L'abbé Pierre II Bodin souscrivit, en 1350, le testament de la vicomtesse Jeanne de Dreux (2). La même année, au mois de juin, le vicomte concéda à l'abbaye le privilège d'acquérir, dans les fiefs ou arrière-fiefs de Thouars, des domaines jusqu'à la somme de cent livres de rente, sans payer aucune finance. Dans le cas où ces domaines relèveraient de Thouars à hommage plein ou lige, le vicomte l'en déchargea, moyennant le paiement pour chaque hommage d'un tournois d'argent de franc devoir à muance de seigneur (3).

Jean de Montmajour, prieur de Charlieu, fut institué abbé de Saint-Jouin par une bulle d'Urbain V la première année de son pontificat, 1362-1363 (4). Le prieuré du Plessis, en Anjou, fut réuni, à sa requête, à celui de Chanteloup pour

---

(1) *Cartulaire de Saint-Jouin*, p. 73-76.
(2) *Gallia christiana*, t. II.
(3) *Cartulaire de Saint-Jouin*, p. 68, 69.
(4) *Gallia christiana*.

cause d'insuffisance de revenu, par décision de Guy, évêque de Maillezais, le 13 juillet 1367 (1). Il gouverna Saint-Jouin au moins jusqu'en 1383. Les abbés Guillaume III (1386-1401), Pierre III Gadet (1402) et Aimeri de Tuscha, c'est-à-dire de la Touche (1409), lui succédèrent (2).

Les guerres des Anglais, qui désolèrent la contrée, surtout dans la période de 1369 à 1374, causèrent beaucoup de maux à l'abbaye de Saint-Jouin. C'est l'époque des sièges de Moncontour et de Thouars par Du Guesclin. Les garnisons françaises et anglaises, qui occupèrent tour à tour le château de Moncontour, couraient et pillaient tout le pays environnant. Pendant que les Anglais tinrent Moncontour entre leurs mains, ils imposèrent à la ville d'Airvault une rançon de 6 livres de rente (3). Les moines de Saint-Jouin, qui peut-être furent victimes de semblables exactions, résolurent de fortifier leur abbaye pour se mettre à l'abri des surprises des gens de guerre. Les travaux de défense, dont l'église porte encore des traces considérables décrites plus haut dans la description archéologique du monument, doivent nécessairement remonter au dernier quart du XIVe siècle. Cependant le style des beaux machicoulis qui couronnent le transept méridional semble appartenir seulement au XVe siècle, époque à laquelle les moines augmentèrent leurs fortifications.

Le droit de guet et garde au château de Thouars, imposé par les coutumes aux habitants de la vicomté, était devenu une charge fort lourde pendant cette période guerrière. Les habitants des terres de Saint-Jouin en avaient été exemptés, on s'en souvient, par la transaction de 1350. Pierre d'Am-

(1) Dom Fonteneau, t. LXIII.
(2) *Gallia christiana*. — Dom Fonteneau, t. LXIII.
(3) Dom Fonteneau, t. LXXXIV.

boise, vicomte de Thouars, prétendit, en 1420, que ceux de Jeu et d'Availle ne devaient pas jouir de ce privilège. L'abbé Pierre IV de Ronchour le nia et porta l'affaire au parlement séant à Poitiers. Cinq commissaires de la cour, Jean de Vaily, président, Guillaume Guérin, Barthélemy Hamelin, Jean Gencian, conseillers, et Guillaume le Tur, avocat du roi, auxquels on confia le soin de la juger, donnèrent gain de cause à l'abbaye. Ils déclarèrent, le 20 février 1421, que les habitants de Jeu et d'Availle étaient compris dans l'exemption générale accordée par la transaction de 1350 (1).

L'abbé Pierre de Ronchour étant mort le 20 novembre 1422, les religieux de Saint-Jouin se réunirent, sous la présidence du prieur claustral, dans le chœur de leur église, le 10 décembre suivant, pour procéder à l'élection de son successeur. Le chœur avait été choisi à défaut de la salle capitulaire, affectée en ce moment à un usage provisoire qu'on ne fait pas connaître. Le choix de l'assemblée se porta sur un moine étranger à l'abbaye, Robert Frotier, prieur de Saint-Romain de Châtellerault, relevant de Saint-Cyprien de Poitiers. Cette élection fut confirmée, le 20 décembre 1422, par le célèbre cardinal Simon de Cramaud, évêque de Poitiers (2).

Le nouvel abbé travailla à l'augmentation des fortifications de son monastère. La guerre avec les Anglais, compliquée de luttes intestines dont le Poitou était alors particulièrement le théâtre, rendait ces précautions de plus en plus nécessaires. Il fallait être en mesure non seulement de sauvegarder les précieuses reliques et le riche trésor de Saint-Jouin, mais encore d'offrir un refuge aux habitants

(1) *Cartulaire de Saint-Jouin*, p. 77.
(2) Idem, p. 79.

dans un danger pressant. La création d'un grand fossé était, paraît-il, indispensable pour défendre un des côtés de l'abbaye. Mais il y avait là un chemin public qui s'y opposait. L'abbé demanda au roi Charles VII la permission de convertir ce chemin en fossé, à la charge de fournir le terrain nécessaire pour la construction d'une nouvelle voie sur le bord du fossé. Le roi, par mandement au sénéchal de Poitou, daté de Poitiers le 3 juin 1427, accorda cette autorisation (1).

L'abbé Robert Frotier, mort en 1443, fut remplacé par Pierre de Clermont, docteur en décret (2). Bernard de Féletz, qui lui succéda vers 1447, entreprit la réparation des bâtiments du monastère, gravement atteints par la vétusté et les calamités de la guerre. L'église, le dortoir, le réfectoire, le cloître et la salle capitulaire étaient très délabrés. Il aurait fallu, dit le préambule d'un mandement royal de 1460, une somme de quarante mille écus pour les remettre en état. Bernard de Féletz courut au plus pressé. Il fit pour dix mille écus de réparations tant dans l'église que dans les autres édifices de l'abbaye. Ces travaux, parmi lesquels il faut ranger, d'une manière à peu près certaine, la reconstruction des deux tiers de la voûte de la grande nef et de celles du chœur, furent exécutés vers l'année 1450 (3).

Bernard de Féletz ne songea pas seulement à l'abbaye : il voulut rendre au bourg de Saint-Jouin son ancienne prospérité, y faire fleurir le commerce et en augmenter la population. En effet, ce bourg avait été ruiné par les malheurs qui avaient signalé le commencement du règne de

---

(1) *Cartulaire de Saint-Jouin*, p. 81.
(2) *Gallia christiana*.
(3) Dom Fonteneau, t. LXIII.— Mandement de Charles VII à la chambre des comptes, du 5 septembre 1460.

Charles VII. Mais les victoires de ce monarque ayant ramené la paix et la sécurité, l'abbé de Saint-Jouin en profita pour y oquer l'institution de foires et de marchés. Il obtint du roi, le 22 novembre 1450, la création d'un marché tous les samedis, et de deux foires annuelles, le 1ᵉʳ juin, fête de saint Jouin, et le 24 octobre, fête de saint Martin de Verlou. Ces deux foires coïncidaient ainsi avec les brillants pèlerinages qui attiraient, ces jours-là, une grande foule près des tombeaux vénérés des deux patrons de l'abbaye. Bernard de Féletz obtint encore du roi, le 22 mars 1458, deux nouvelles foires, le 22 août, octave de Notre-Dame, et le 24 février, fête de saint Mathias (1). Mais Louis Chabot, seigneur de la Grève et de Moncontour, et d'autres seigneurs malveillants des environs, dont les intérêts se trouvaient peut-être un peu lésés par ces réunions commerciales, sources de richesses pour Saint-Jouin, cherchèrent, par tous les moyens, à les entraver et même à les faire supprimer. Ils se pourvurent en opposition devant la chambre des comptes, et réussirent à obtenir des lettres royaux en vertu desquelles le bailli de Touraine interdit les marchés de Saint-Jouin, le 22 août 1460. Mais le roi, probablement grâce au crédit de l'abbé, confirma ses anciennes lettres d'octroi et, le 5 septembre 1460, en ordonna la vérification à la chambre des comptes (2).

Ce n'était pas sans peine ni sans péril que Bernard de Féletz était parvenu à vaincre la résistance des ennemis de Saint-Jouin. Ceux-ci, en effet, avaient employé la violence pour troubler ou empêcher les nouvelles foires et marchés (3). On pourrait se demander s'il ne faudrait pas leur

---

(1) Dom Fonteneau, t. LXIII. — *Cartulaire de Saint-Jouin*, p. 83-86.
(2) Dom Fonteneau, t. LXIII.
(3) Idem.

attribuer un incident qui se produisit précisément à la même époque, en 1459, incident dont la cause véritable et les détails sont d'ailleurs inconnus. Une compagnie de gens de guerre du roi menaça l'abbaye de dévastation. Elle ne fut sauvée, paraît-il, que grâce à l'intervention énergique de Louis Goudon de l'Hérosdière, oncle de l'abbé Bernard. Les moines de Saint-Jouin n'oublièrent pas ce bienfait. Le nom de leur sauveur fut inscrit parmi ceux des donateurs pour lesquels ils célébraient chaque année des messes (1).

L'abbé Bernard obtint, en 1456, pour les abbés de Saint-Jouin, un précieux privilège ecclésiastique qui devait beaucoup rehausser leur dignité et leur pouvoir. Alain, cardinal d'Avignon, légat en France, spécialement autorisé par le pape Calixte III, lui accorda, pour lui et ses successeurs, le droit de porter la mitre, la crosse, l'anneau et les autres insignes pontificaux, et de donner au peuple la bénédiction pontificale dans toutes les églises dépendant de l'abbaye (2).

Un moine de Saint-Jouin, d'une illustre extraction, Pierre d'Amboise, frère du cardinal Georges d'Amboise, fut élu abbé en 1467 au plus tard, en remplacement de Bernard de Féletz (3). Il continua l'œuvre de réparation entreprise par son prédécesseur. Il reconstruisit à neuf les lieux réguliers, dortoir, réfectoire et cloîtres. Pour faire face à ces lourdes dépenses, il fut obligé d'avoir recours à une imposition volontaire sur tous les domaines de Saint-Jouin. Les moines, réunis en chapitre général, le 24 octobre 1476, frappèrent tous les prieurés et dignitaires d'une taxe géné-

(1) Archives de la fabrique de Saint-Jouin communiquées par M. le curé de Saint-Jouin.
(2) *Cartulaire de Saint-Jouin*, p. 84-86.
(3) *Gallia christiana*, t. II.

rale de 1,200 livres, répartie proportionnellement et payable en quatre années, dans le but spécial de rebâtir le vieux cloître du xii° siècle, qui tombait en ruines (1). Une portion du nouveau cloître, celle qui est adossée au mur latéral nord de l'église, subsiste encore. C'est un fort beau monument, construit avec le soin, la richesse et l'élégance qui caractérisent les œuvres de cette époque de l'art. Ce cloître est large, subdivisé en amples travées. Les arceaux retombent sur de puissants groupes de colonnettes et de filets prismatiques dont les chapiteaux, assez faiblement indiqués, sont des bouquets de feuillages finement fouillés. De nombreuses et fortes nervures sillonnent les voûtes. Leurs points d'intersection à chaque travée forment des écussons armoriés, aujourd'hui un peu frustes, représentant les armes du fondateur, l'abbé Pierre d'Amboise (2). De grandes arcatures, ornées de festons trilobés, mettaient le cloître en communication avec la cour intérieure. On ne saurait trop regretter la destruction des trois autres galeries, ni prendre trop de précautions pour la conservation de celle qui a survécu.

Pierre d'Amboise, ayant été nommé évêque de Poitiers en 1481, chercha néanmoins à conserver son abbaye de Saint-Jouin, et, pour y parvenir, usurpa le titre de commendataire perpétuel (3). Il inaugura ainsi pour Saint-Jouin le triste régime de la commende, qui fut si funeste à tous les monastères. Il mourut à Blois, le 1ᵉʳ septembre 1505, et fut enseveli au château de Dissay, résidence des évêques de Poitiers (4). Ses successeurs s'occupèrent assez peu de leur abbaye, où ils ne résidèrent presque jamais, à cause

---

(1) Dom Fonteneau, t. LXIII. — *Gallia christiana*, t. II.
(2) Pallé d'or et de gueules de six pièces.
(3) *Gallia christiana.*
(4) Idem.

des autres dignités dont ils étaient investis. Voici leurs noms : Étienne de Mesnil, prieur de Saint-Gilles d'Argenton, nommé abbé de Saint-Jouin le 15 février 1506; Aymar Gouffier de Boissy, déjà abbé de Saint-Denis et de Cluny et évêque d'Alby, nommé aussi à Saint-Jouin en 1519 : c'est là cependant qu'il mourut, le 9 octobre 1528 ; son tombeau, placé dans le chœur, fut violé et brisé par les calvinistes ; Philippe de Cossé, évêque de Coutances, grand aumônier de France (1532-1546); Étienne II Hesquetot, évêque de Coutances, abbé de Saint-Jouin en 1549-1551, qui avait pour vicaire général Jacques des Francs, prieur claustral de l'abbaye ; Étienne III Martel, également évêque de Coutances et abbé en 1559 (1).

CHAPITRE V.

L'ABBAYE DEPUIS LE XVI° SIÈCLE JUSQU'A LA RÉVOLUTION.

Durant toute cette période, l'administration de l'abbaye dut être assez négligée. Mais sa décadence se précipita et devint complète sous Arthur de Cossé, encore évêque de Coutances. Cet indigne abbé, qui avait embrassé le protestantisme, livra Saint-Jouin au pillage. Il en dilapida les biens, et enleva les magnifiques reliquaires et objets précieux qu'il fit transporter dans son château de Brissac, en 1560 (2). L'inventaire de ce riche trésor, fruit des donations pieuses de plusieurs siècles, dressé par ordre du ravisseur, a été conservé. Il mérite d'être reproduit, tant au point de vue de l'intérêt artistique qu'il présente que de la

---

(1) *Gallia christiana*, t. II. — F. lat. 5449.
(2) *Gallia christiana.* — *Introduction au Cartulaire de Saint-Jouin*, par M. Grandmaison. — *Hist. du Poitou*, par Thibaudeau, t. I, p. 99, éd. 1839. — F. lat. 5449.

haute idée qu'il donne de l'importance et des richesses de l'abbaye de Saint-Jouin :

« Une belle grande croix d'argent avec le crucifix, le tout bien doré, avec le bâton de ladite croix tout d'argent, avec trois pommes d'argent bien dorées, de longueur, ledit bâton, de quatre pieds environ.

» Un vaisseau fort précieux qu'on appelait le chef de Notre-Dame, soutenu de deux angelots. Ledit vaisseau avait de patte un pied de longueur et demi-pied de largeur, le tout d'argent bien doré et émaillé.

» Le chef et tête de saint Martin de Vertou, d'argent bien doré, qui descendait jusqu'aux épaules, et était de la grosseur de la tête d'un homme.

» Le bras de saint Sébastien avec la main, d'argent bien doré, avec beaucoup de pierreries bien émaillées.

» Le bras de saint Symphorien avec la main, bien enrichi de pierreries, le tout d'argent et bien doré.

» Un bras de saint Antoine, d'argent et bien doré, et enrichi de pierreries en émail.

» Un personnage et effigie de saint Jouin entier avec la crosse et mitre, de la hauteur de plus d'un pied, le tout d'argent bien doré et enrichi d'une belle façon.

» Un autre petit personnage de l'effigie de saint Mandé, de même grandeur que celui de saint Jouin, d'argent bien doré.

» Un grand tableau sur lequel étaient posés six personnages de saints, qui était d'argent bien doré et enrichi de pierreries.

» Un autre tableau de six autres personnages qui étaient d'argent et bien dorés.

» Au côté du tabernacle où étaient lesdites reliques et

joyaux, y avait deux candélabres ou chandeliers d'argent fort grands, avec les patènes fort larges pour recueillir la cire qui descendait des cierges. Il y avait aussi un grand vase d'argent bien massif, fait en façon de gondole, qui servait à mettre l'encens pour le service de l'église.

» Plus il y avait six beaux et grands calices, dont il y en avait quatre fort enrichis sur les pattes d'émail et de beaucoup de pierreries ; lesdits calices étaient de très belle hauteur et largeur, et les grosses pommes du milieu, qu'on eût dit proprement que le tout était d'or massif.

» Plus il y avait trois beaux encensoirs ayant chacun trois chaînes garnies de grosses boucles d'argent, et le dessus desdits encensoirs où l'on mettait le charbon était d'argent.

» Plus il y avait une belle bouette d'ivoire, les fermures étaient d'argent doré fort propre, et, dans ladite bouette, une pierre enchâssée d'une chaîne d'argent. Il y avait aussi un beau grand livre couvert de velours, avec les fermures de tous côtés d'argent bien doré.

» Plus il y avait une croix de la hauteur de demi-pied ou plus, sise sur une patte large, le tout d'argent bien doré.

» Plus il y avait une belle grande custode bien riche, ayant le couvert de dessus en pyramide, laquelle était fort enrichie de pierreries.

» Il y avait aussi un beau vaisseau bien précieux et enrichi qui servait le jour du sacre pour porter le *Corpus Domini* (1). »

L'enlèvement du trésor de Saint-Jouin par Arthur de

---

(1) Dom Estiennot, parte 2ᵉ, f. 548. — Ce document nous a été communiqué par M. de Villedieu, qui le tenait de son oncle, M. de la Fontenelle de Vaudoré.

Cossé eut pour effet de le soustraire aux pillages des bandes huguenottes, mais il n'en était pas moins perdu pour l'abbaye. Huit ans après, le 28 février 1568, l'invasion d'une troupe de cent cavaliers protestants mit le comble aux malheurs de Saint-Jouin. L'église, la maison abbatiale, la segretenerie furent incendiées, les meubles et les papiers pillés, lacérés ou dispersés. Les habitants du bourg, glacés d'épouvante, n'osèrent ou ne purent opposer aucune résistance (1). Les reliques vénérées que l'on conservait dans l'église, et notamment celles des deux saints patrons, saint Jouin et saint Martin de Vertou, ne pouvaient être épargnées par les hérétiques. Elles furent anéanties ou disparurent. La tête de saint Martin de Vertou, échappée au désastre, était honorée, du temps de Mabillon, dans l'abbaye de Saint-Florent de Saumur (2). C'est peut-être à l'enlèvement des reliquaires opéré en 1560 qu'elle dut son salut. Le reliquaire qui la contenait aurait donc ainsi passé plus tard à Saint-Florent dans des circonstances et pour des causes inconnues. Du reste, on ignore le sort de tous ces magnifiques objets dont on ne constate l'existence qu'au moment de leur destruction ou de leur dispersion. Le préambule du cartulaire dit qu'ils furent dissipés, c'est-à-dire vendus par l'abbé Arthur de Cossé.

Une portion des reliques de saint Mérault, déposées sous l'autel de saint Michel, où elles furent retrouvées en 1657, échappa à la profanation (3). Voici en quels termes dom Estiennot dépeint et déplore l'immense désastre de l'abbaye

---

(1) Dom Fonteneau, t. LXIII, extrait d'une enquête du 29 décembre 1594 sur le pillage de Saint-Jouin en 1568. — *Journal de Denis Généroux*, publié et annoté par M. Ledain.
(2) *Acta sanctorum*, t. X d'Octobre, *Comment. de S. Martino Vertavense*.
(3) Dom Chamard, d'après le manuscrit 5449 f. lat. de la Bibliothèque nationale.

de Saint-Jouin en 1568 : « Elle conservait, outre celles que je viens de marquer, un grand nombre de saintes reliques; mais les hérétiques les ont toutes immolées à leur fureur, et ont rendu cette maison l'une des plus misérables du Poitou et l'ont mise dans un état qui fera compassion à ceux qui sauront ce qu'elle a été et qui verront ce qu'elle est à présent. Car, quoiqu'on en ait rétabli les lieux réguliers, que les revenus en soient assez considérables, et que dans celui que la Providence lui a donné pour abbé (Augustin de Servien, abbé de Saint-Jouin, de 1659 à 1716), elle soit une des plus heureuses et des mieux partagées du royaume, il faut avouer qu'en perdant les saintes reliques dont elle était la dépositaire et qui étaient très considérables, et ses archives qui étaient très riches, elle a fait des pertes dont elle ne se relèvera jamais. Une infinité de personnes de condition y ont été religieuses et y sont enterrées ; mais le nécrologe de cette maison, le cartulaire, les manuscrits de la bibliothèque et tout ce qu'il y avait de curieux ayant été ou pillé ou brûlé, nous ne pouvons pas connaître leurs noms (1). »

Il n'y avait probablement plus grand chose à piller à Saint-Jouin, l'année suivante 1569, lors du passage de l'armée de Coligny, qui vint se faire battre, le 3 octobre, par le duc d'Anjou, sur le territoire même de l'abbaye et de la paroisse, du côté de Douron. Le lendemain de cette sanglante bataille, qui porte assez inexactement le nom de Moncontour, les habitants de Saint-Jouin reçurent l'ordre d'enterrer les morts, besogne pénible mais pieuse à laquelle les membres

---

(1) *Antiquités bénédictines du Poitou*, par dom Estiennot (Arch. de la Vienne). — Un cartulaire du XV° siècle et un certain nombre de pièces, copiées plus tard par Gaignières, survécurent aux ravages des protestants. Le cartulaire a été publié par M. Grandmaison, archiviste, en 1854.

de la confrérie de Saint-Nicolas, érigée dans l'église de Saint-Jouin, prirent la part principale (1). Les domaines de l'abbaye et les habitants du pays eurent beaucoup à souffrir de l'occupation militaire qui précéda la bataille. Pendant le siège de Poitiers, qui avait eu lieu au mois d'août précédent, les protestants avaient fait de nombreuses et violentes réquisitions de vivres. Ils avaient enlevé les dîmes de Barrou, propriété de l'abbaye (2).

Au milieu de ces tristes événements, que faisait l'indigne abbé Arthur de Cossé pour soulager ses moines réduits à la misère ? On l'ignore. D'après le *Gallia christiana*, muet à cet égard, il serait mort le 19 avril 1577. Cependant une pièce du 9 juin 1579, démontre qu'il vivait encore à cette époque. C'est un état dressé, sur son ordre, par son secrétaire Turgot, des pensions ou redevances dues à l'abbé, à la mense abbatiale, au prieur claustral et à la communauté de Saint-Jouin par les prieurés qui en relevaient. L'énumération, quoique assez longue, n'est pourtant pas complète et omet plusieurs prieurés mentionnés dans la bulle de 1179 (3). Le préambule du cartulaire fixe la mort d'Arthur de Cossé à sa véritable date, 19 octobre 1587. La présence de ses armoiries au-dessus de la porte de l'escalier du logis abbatial, prouverait qu'il y fit exécuter quelques réparations (4).

Les premiers successeurs d'Arthur de Cossé ne songèrent point ou ne purent pas réparer les désastres causés par les guerres de religion. Voici leurs noms : Charles de Vendôme,

---

(1) Archives de la fabrique de Saint-Jouin, statuts de la confrérie de Saint-Nicolas. L'incendie et le pillage de l'église par les Huguenots en 1568 y sont rappelés.
(2) Dom Fonteneau, t. XIII; enquête du 24 mai 1570.
(3) *Cartulaire de Saint-Jouin*. Appendice, p. 97.
(4) F. lat. 5449. Le logis abbatial n'existe plus.

cardinal de Bourbon, archevêque de Rouen, abbé de Saint-Jouin en 1592-1594, échangea ce bénéfice pour l'abbaye de la Trinité de Rouen, avec Jacques d'Escoubleau de Sourdis, évêque de Maillezais. Après sa démission, donnée en 1594, le roi nomma, le 26 septembre de la même année, un économe spirituel pour diriger l'abbaye. Jacques d'Escoubleau, étant mort en 1614, eut pour successeurs François d'Escoubleau, cardinal de Sourdis, archevêque de Bordeaux ; puis, en 1617, Henri d'Escoubleau, évêque de Maillezais, frère du précédent (1). Le portrait de ce dernier, œuvre de l'époque et portant son nom, existe encore dans la sacristie de Saint-Jouin. Il devint également archevêque de Bordeaux et mourut en juin 1645. Ces prélats, absorbés par leurs autres fonctions plus importantes, ne pouvaient pas beaucoup s'occuper de leur abbaye de Saint-Jouin où ils ne résidèrent jamais. Les moines étaient gouvernés par les prieurs claustraux, vicaires généraux des abbés commendataires. Nous connaissons le nom d'un de ces prieurs, frère Philippe Hurault, qui régissait l'abbaye en 1637 (2). Le régime de la commende conduisait les monastères à la décadence et à la ruine, et sans la réforme de saint Maur, qui leur donna une nouvelle période de splendeur, ils auraient péri dès le XVIIe siècle.

Cette réforme si désirable, si bienfaisante, fut apportée à Saint-Jouin par François Servien, évêque de Bayeux, nommé abbé en 1646. Il y introduisit la réforme dite de la congrégation de Saint-Maur, le 28 septembre 1655. Par ses soins, les bâtiments furent réparés ou reconstruits. Il rétablit dans l'église les autels de saint Benoît, de saint Jouin, de saint Martin, de la Sainte Vierge, et le grand autel, dont

(1) *Gallia christiana*, t. II. — *Le Clergé de France*, par Du Temps, p. 460.
(2) Archives de la fabrique de Saint-Jouin.

il fit la consécration. Après sa mort, arrivée le 2 février 1659, son neveu et successeur, Augustin Servien, si justement loué par dom Estiennot, continua son œuvre (1). L'administration réparatrice de ces deux abbés fit refleurir la piété, la discipline et la science à Saint-Jouin. Les moines se formèrent une riche bibliothèque, reconstituèrent leurs archives avec ce qui avait survécu, se livrèrent avec succès à la sculpture et à la peinture. Beaucoup de leurs tableaux ornent encore l'église de Saint-Jouin. Quelques-uns ont été transportés dans l'église Saint-André de Niort (2).

Le rapport de Colbert de Croissy sur le Poitou, en 1664, donne un aperçu de l'état de l'abbaye à cette époque. Ses revenus qui, d'après le pouillé royal de 1648, étaient de 10,000 livres, s'élevaient à 24,000 en 1664. Il y avait six officiers claustraux : le prieur, aux gages de 1,200 livres ; le chantre, 1,300 livres ; l'infirmier, 1,500 livres ; le sous-prieur, 1,000 livres ; le sacristain, 2,400 livres ; l'armoirier, 900 livres. Les simples moines avaient chacun 650 livres. Le revenu de l'abbé, toutes charges payées, était de 12,000 livres, sans compter le logement, qui était fort beau et accompagné de belles dépendances. Les moines réformés, qui n'étaient qu'au nombre de sept, étaient aussi très bien logés ; les anciens demeuraient à part. Leur vie était régulière et édifiante. L'abbé était seigneur des bourgs de Saint-Jouin et de Noizé et des villages qui en dépendaient. Le bourg de Saint-Jouin portait le titre de baronie et avait trois châtellenies dans sa mouvance. L'abbé levait des droits de péage et de mesures dans les foires et marchés de Saint-

(1) *Gallia christiana*. — F. lat. 5449.
(2) *Introduction du Cartulaire de Saint-Jouin*, par M. Grandmaison, p. XII.

Jouin. Il présentait à plus de soixante bénéfices, tant prieurés simples que cures (1).

Une gravure de 1690, tirée du *Monasticon gallicanum*, représentant l'abbaye de Saint-Jouin à vol d'oiseau, donne l'idée la plus nette et la plus complète de l'œuvre matérielle accomplie par les deux abbés Servien. Autour du vieux cloître du xv° siècle, bâti par Pierre d'Amboise, on aperçoit de vastes et belles constructions à trois étages et à lucarnes, élevées suivant les règles du style architectural de l'époque. Le dortoir, le réfectoire, la salle capitulaire, la bibliothèque, l'infirmerie, les servitudes de toutes sortes y sont marquées par des signes conventionnels. Le logis abbatial, plus élégant, est séparé du monastère par une cour où se trouve la grande porte extérieure, qui paraît plus ancienne. D'immenses jardins divisés en carrés symétriques par des allées rectilignes, environnent l'ensemble de l'abbaye au nord, à l'orient et au midi. L'église présente la même physionomie que celle d'aujourd'hui.

Deux fragments d'inventaires, l'un vérifié le 19 décembre 1683 par François de Montclar, prieur claustral, l'autre postérieur de quelques années, donnent un état assez curieux du mobilier de l'église. Voici les principaux articles qu'il y a à relever dans le premier :

1° Deux missels in-folio couverts de maroquin rouge doré ;

---

(1) *État du Poitou sous Louis XIV*, par Dugast-Matifeux, p. 189, 190. — Parmi les châtellenies relevant à hommage plein de Saint-Jouin, citons celle de Maisontiers, d'après un aveu de Henri de Tusseau, de 1712, et celle de Crémille, d'après deux aveux de Jean d'Argenton, sieur de Hérisson, en 1409, et de Marie Tiraqueau de la Boissière, dame de Saint-Loup, en 1716. (Dom Fonteneau, t. LXIII.) — Les fiefs de la Juderie et de la Thibaudière relevaient également de l'abbaye, d'après un aveu de Louis Briant, écuyer, sieur de la Juderie, en 1455, et de Gilles de Chargé, écuyer, sieur de la Thibaudière en 1488. (F. lat. 5440, p. 59 et 62.)

2° Cinq missels in-folio couverts de basane, dont quatre monastiques et un romain ;

3° Quatre cahiers pour les messes des défunts ;

4° Un cérémonial monastique ;

5° Trois rituels monastiques ;

6° Trois cahiers des passions et leçons ;

7° Deux bréviaires ;

8° Cinq grands livres en parchemin, notés pour les messes, antiennes, etc., suivant l'usage de l'abbaye de Saint-Jouin ;

9° Deux *te igitur* couverts de maroquin rouge, avec l'évangile de saint Jean ;

10° Cinq autres pour les petits autels ;

11° Un livre dont la désignation se trouve déchirée dans l'inventaire, relatif aux saints du Poitou ;

12° Un bréviaire romain en deux tomes et un diurnal romain ;

13° Deux pontificaux romains ;

14° Un tabernacle de bois ;

15° Un gradin de bois doré au grand autel ;

16° Un autre gradin doré à l'autel Saint-Benoît, auquel il y a une serrure, où sont des reliques attachées à un carton, trouvées dans un autel, outre lesquelles il y en a d'autres venues de Rome avec leur certificat ;

17° Une crédence et un banc pour le célébrant ;

18° Une châsse dorée représentant le sépulcre de Notre-Seigneur pour le jeudi saint ;

19° Dans la sacristie boisée tout autour, il y a quatre armoires en bas et cinq en haut ;

20° Au-dessus du grand autel, un tableau de la Vierge, tenant l'enfant Jésus, et deux religieux à ses pieds ;

21° A l'autel Saint-Benoît, un grand tableau représentant saint Benoît, et au-dessus du retable une figure en bosse du même saint. Le retable soutenu de quatre colonnes de marbre noir, et aux deux côtés, dans les deux niches, deux images de pierre représentant saint Jouin et saint Martin de Vertou ;

22° Deux petits tableaux d'argent, dont l'un représente Notre-Seigneur et l'autre la Sainte-Vierge.

On trouve dans le second inventaire l'énumération des objets suivants :

1° Deux châsses de bois doré où sont les reliques de plusieurs saints ;

2° Un petit reliquaire en broderie de soie en forme de coffret où sont plusieurs reliques ;

3° Plusieurs reliques dans le gradin de Saint-Benoît avec leur certificat ;

4° Un grand calice d'argent avec sa patène ;

5° Un autre calice semblable ;

6° Un autre calice d'argent doré ;

7° Un soleil d'argent sans pied ;

8° Deux ciboires d'argent ;

9° Une croix d'environ dix poulies, avec un Christ, toute d'argent ;

10° Une croix processionnale d'argent avec son bâton couvert de lames d'argent, semé de fleurs de lys ;

11° Un bassin et deux burettes d'argent ;

12° Un bâton de chantre couvert de lames d'argent, semé de fleurs de lys ;

13° Deux encensoirs avec leurs navettes ;

14° Une coupe pour présenter le vin après la communion ;

15° Une lampe ;

16° Deux chandeliers ;

17° Un bénitier avec son aspersoir ;

18° Deux petits chandeliers en forme de corne d'abondance qui s'attachent à la niche du saint-sacrement ;

19° Quatre grands tableaux dont un à chacun des piliers qui forment le presbystère, c'est-à-dire le chœur, représentant : 1° la Naissance du Sauveur ; 2° la Présentation ; 3° la Résurrection ; 4° la Descente du Saint-Esprit sur les apôtres ;

20° Un plus grand tableau dans le fond de la nef représentant Jésus-Christ conduit au calvaire chargé de sa croix ;

21° Deux petits tableaux au grand autel, enchâssés dans des cadres de bois, représentant l'un le Sauveur, l'autre la Vierge ;

22° Un tableau à l'autel de Notre-Dame représentant la Sainte-Vierge, tenant l'enfant Jésus, dans un cadre de pierre ;

23° Un très mauvais tableau à l'autel Saint-Benoît représentant ce saint dans un cadre de pierre. Le retable soutenu par quatre colonnes façon de marbre noir, et sur les côtés deux figures de pierre représentant saint Jouin et saint Martin de Vertou ;

24° Deux cadres dorés représentant Notre Seigneur et Notre-Dame ;

25° Trois autres tableaux dans la sacristie représentant Notre-Seigneur, Notre Dame et un crucifix ;

26° Un autre tableau représentant Notre-Dame-du-Rosaire et deux religieux ;

27° Deux autres tableaux représentant saint Benoît et sainte Scholastique ;

28° Une boiserie en sculpture et menuiserie divisée en hautes et basses chaires, faisant un chœur à la romaine ;

29° Un griffon au milieu du chœur.

Le même inventaire donne le détail du mobilier de la salle de l'abbaye. On y remarque beaucoup de vaisselle de faïence et dix tableaux représentant : 1° la Circoncision ; 2° l'Adoration des mages ; 4° Jésus-Christ au milieu des docteurs ; 4° le roi Louis XIV ; 5° Augustin Servien, abbé de Saint-Jouin ; 6° le cardinal Georges d'Amboise ; 7° Pierre d'Amboise, évêque de Poitiers, abbé de Saint-Jouin ; 8° le roi Charles IX ; 9° le roi Henri IV. La désignation du dixième est effacée (1).

Quand on compare les objets contenus dans cet inventaire au magnifique trésor décrit dans celui de 1560, on éprouve un sentiment pénible. Quelle différence entre le nouveau mobilier relativement pauvre et les nombreux objets artistiques pillés par les hérétiques du xvi° siècle ! Malgré les généreux efforts des deux abbés Servien, le monastère de Saint-Jouin, à la fin du xvii° siècle, n'est pas parvenu et ne parviendra jamais à réparer ses pertes immenses, ainsi que le constate avec tristesse dom Estiennot. Mais si rien ou presque rien n'a survécu aux désastres des guerres de religion, on remarque avec satisfaction que plusieurs objets assez précieux mentionnés dans les deux derniers inventaires n'ont pas péri pendant les orages de la Révolution. Ainsi, on peut encore admirer dans l'église de Saint-Jouin les stalles, le lutrin et la plupart des tableaux. La sacristie a conservé également son meuble et ses boiseries.

Les stalles qui entourent le chœur sont une œuvre de menuiserie très remarquable. Mais le lutrin en bois placé au milieu est digne d'un examen tout particulier. C'est un griffon aux ailes déployées tenant dans ses griffes un écusson où est inscrit le mot PAX, devise de l'ordre bénédic-

(1) Archives de la fabrique de Saint-Jouin communiquées par M. le curé.

tin, au milieu d'une couronne d'épines, entre une fleur de lys au-dessus et trois clous de la Passion au-dessous. Il est assis sur un groupe de trois têtes d'anges reposant elles-mêmes sur un large et magnifique bouquet de roses supporté par trois enfants debout. Trois larges pieds imitant des griffes forment la base du lutrin. La composition générale de ce meuble est d'une élégance incontestable ; son exécution ne laisse rien à désirer. Tous les détails en sont sculptés avec un soin irréprochable. Les trois enfants placés à la base sont vigoureusement taillés et bien proportionnés. Ils portent avec aisance toute la partie supérieure. Le bouquet, qui est fort gros, est d'une grande richesse de sculpture. Le griffon est largement découpé. En un mot, tout ce meuble peut être considéré comme une œuvre d'art de premier ordre. Cette dernière et brillante épave de l'antique monastère est un véritable trésor que les habitants de Saint-Jouin doivent tenir à honneur de conserver religieusement dans leur église pour laquelle il a été exécuté, peut-être par un religieux même de cette abbaye.

Les tableaux occupent encore les mêmes places que celles où ils avaient été posés au XVIIe siècle, notamment ceux fixés aux quatre piliers du chœur. Celui qui est appliqué sur le mur de la nef, représentant un portement de croix, est daté de 1693. Leurs dimensions sont considérables. S'ils n'ont pas une grande valeur comme peinture, néanmoins le dessein en est bon. Plusieurs d'entre eux sont des copies exécutées, paraît-il, d'après Mignard, par un moine de Saint-Jouin (1). Il y a dans la sacristie deux portraits peints sur toile. L'un représente Henri d'Escoubleau, abbé de Saint-Jouin, en costume épiscopal. L'autre

(1) *État du Poitou sous Louis XIV*, par Dugast-Matifeux, p. 190, note

est également le portrait d'un abbé de la même époque dont le nom n'est pas indiqué.

L'abbé Augustin Servien mourut le 16 octobre 1716 (1). On ne connaît que quelques-uns des prieurs claustraux qui furent ses utiles coopérateurs : Michel Valeix, en 1688; Edmond Nicolas, en 1692 ; Charles Conrade, en 1697. On sait aussi les noms des moines qui occupèrent les fonctions de secrétaires du chapitre, à la même époque : Henri David, en 1688; Claude Blancher, en 1692 ; Claude Ramée et Léger Chadebec, en 1697 (2).

Peu de jours avant la mort de l'abbé Servien, les habitants de Saint-Jouin furent l'objet d'une précieuse libéralité de la part d'une dame nommée Gabrielle Morin. Cette pieuse femme, veuve de David Ferrand, sieur de la Prairie, conseiller du roi, commissaire aux montres de la maréchaussée de Thouars, demeurait dans le bourg de Saint-Jouin. Par acte du 26 septembre 1716, passé au logis de l'Écu de France, à Saint-Jouin, elle donna aux habitants une rente perpétuelle de 110 livres pour la fondation d'une école de jeunes filles et l'entretien d'une maîtresse. L'administration de l'école était confiée au curé de la paroisse, au sénéchal et au syndic; la surveillance et la réglementation étaient réservées aux évêques de Poitiers. La fondatrice désigna, pour remplir les fonctions de maîtresse d'école, Jeanne Madeleine Benoît de la Tosniere, qui avait déjà enseigné à Paris chez les sœurs de Saint-Lazare, paroisse de Saint-Sauveur. Outre la rente constituée pour son entretien, la maîtresse reçut le droit de percevoir des jeunes

---

(1) *Clergé de France*, par Du Tems, p. 640. — Il ne paraît pas qu'il soit mort à l'abbaye de Saint-Jouin. Il était aussi prieur de Sainte-Catherine-du-Val, à Paris.

(2) Archives de la fabrique.

écolières une rétribution honnête suivant leurs facultés (1).

L'abbé Servien fut remplacé, le 6 novembre 1717, dans le gouvernement du monastère, par Armand Bazin de Bezons, fils du maréchal de France de ce nom (2). Lors de sa prise de possession en 1718, le nouvel abbé constata dans la visite des bâtiments, la nécessité urgente de plusieurs réparations estimées quinze mille livres. Comme il n'y avait aucune somme disponible, il présenta au roi une requête dans le but d'en obtenir l'autorisation de faire une coupe de futaies dans les bois de l'abbaye. Le maître particulier des eaux et forêts du Poitou ayant, le 27 août 1723, dressé l'état des arbres à abattre, notamment dans le bois attenant à l'enclos du monastère, on put réaliser quelque somme d'argent. La reconstruction des bâtiments de l'infirmerie fut donc adjugée, le 23 novembre 1724, à Louis Martin, architecte, et les travaux furent exécutés dans le cours de l'année 1725. Mais on renonça pour le moment aux réparations du logis abbatial, malgré son mauvais état bien constaté. D'ailleurs, il eût été bien inutile de les entreprendre, car M. de Bezons, à l'exemple de presque tous les abbés commendataires, ne paraît pas jamais avoir résidé dans son bénéfice de Saint-Jouin. La direction de l'abbaye était en réalité entre les mains de dom Gilbert Maugenais, prieur claustral, et de dom Jean Vacherie, cellérier (3).

Lors de la démission de M. de Bézons, nommé à l'évêché de Carcassonne en 1730, on n'avait pas encore touché au logis abbatial dont les portes et les fenêtres tombaient en ruines. Ce fut seulement sous le nouvel abbé, M. de Chauve-

---

(1) Archives de la fabrique. — Le curé de Saint-Jouin, en 1716, s'appelait Pierre Carle.
(2) *Clergé de France*, par Du Tems. — *Gallia christiana*, t. II.
(3) Archives de la Vienne, fonds des eaux et forêts.

lin, de 1734 à 1736, que des réparations y furent exécutées par l'entrepreneur Louis Martin (1). M. de Chauvelin, doyen du Mans, avait été nommé, en 1730, à l'abbaye de Saint-Jouin, dont le prieur était alors Armand Vallet (2). On ne possède sur son administration que des documents rares ou insignifiants, et, quant à la vie intérieure du monastère à cette époque, on ne la connaît pas. L'évêque de Poitiers, étant venu en visite pastorale à Saint-Jouin, en avril 1751, logea dans la maison abbatiale. Durant le séjour qu'il y fit, il prit, le 22 avril, à la requête du curé de la paroisse, Louis Chaillou, une décision relative à la fête de saint Jouin. Cette solennité était fixée de toute antiquité au 1ᵉʳ juin. Or, ce jour-là avait lieu la célèbre foire de Saint-Jouin dont nous avons parlé, réunion commerciale mais tumultueuse, qui était souvent l'occasion de débauches et de scandales. Pour obvier à ce grave inconvénient et pour conserver ou rendre à la fête du grand patron son caractère religieux, l'évêque la transféra du 1ᵉʳ juin au dimanche suivant, excepté les années où elle tomberait un dimanche (3).

Deux jours après cette décision épiscopale, le 24 avril 1751, l'abbé de Chauvelin, agissant au nom du monastère, céda à la fabrique de Saint-Jouin la place publique composant l'ancien cimetière avec les arbres qui s'y trouvaient. Plusieurs emplacements situés sur cette place étaient destinés à être affermés par le procureur de la fabrique (4).

Un arrêt du conseil du 16 juillet 1755 opéra le partage des biens du monastère entre l'abbé et les religieux. Nous n'en connaissons pas la répartition; mais elle nous est ré-

(1) *Clergé de France*, par Du Tems. — Arch. de la Vienne, idem.
(2) *Clergé de France*. — Arch. de la fabrique de Saint-Jouin.
(3) Archives de la fabrique de Saint-Jouin.
(4) Idem.

vélée par le bail des domaines de l'abbaye. Le sieur Aubert, fermier général, payait chaque année à M. l'abbé de Chauvelin la somme de 8,000 francs; aux religieux, pour charges claustrales, 1359 livres; au sénéchal, 40 livres; au procureur fiscal, 30 livres; au garde, 60 livres; pour les décimes, 2,140 livres (1).

L'abbaye de Saint-Jouin tombait de nouveau en décadence. C'est ce qui explique très probablement son union au chapitre de Saint-Florentin-d'Amboise, ordonnée en 1770 par un arrêt du conseil qui réservait au roi la nomination aux bénéfices simples. M. l'abbé de Chauvelin ayant donné sa démission le 9 novembre 1770, le directeur des économats à Poitiers, Jacques-Hubert d'Auvillier, fut autorisé, en exécution de l'édit de décembre 1691, à passer bail général des biens de l'abbaye. La ferme générale en fut adjugée sous un prête-nom au chapitre d'Amboise, au mois de mars 1771, moyennant la somme de 11,200 livres et 2,104 livres de charges (2).

(1) Archives de la Vienne, fonds des économats. Voici l'état des biens et revenus de l'abbaye que faisait valoir le sieur Aubert, fermier général : La dîme de Noizé, estimée 800 livres, dont les religieux avaient le 16e. — Les quarts de Saint-Jouin, 313 livres — Le parc de Saint-Jouin, 640 livres, — Le prieuré de Chateaux, 800 livres. — Métairie et dîme de Vaux, paroisse Saint-Martin d'Ouzilly, 1,600 livres. — Le fermier général était tenu de payer aux religieux pour l'aumône journalière 633 boisseaux de froment et 629 boisseaux de mouture, plus au curé de Saint-Martin d'Ouzilly 260 livres, et enfin 1,200 livres de taille. — État des sous-fermes : Sainte-Verge affermée 900 livres et 120 livres pour le service. — La dîme et métairie d'Availles, 500 livres, dont le 9e pour le curé. — La dîme de Douron, 677 livres. — La métairie de Germon, 74 setiers de froment et 80 livres. — La garenne de Prelou, 35 setiers. — Le four de Noizé, 40 livres. — La métairie de Repentis, 22 setiers et 17 livres. — La grande métairie de Noizé, 74 setiers. — La métairie de la Chambretis en Saint-Jouin, 13 setiers. — Le moulin de Begnoux, paroisse de Moncontour, 280 livres. — La métairie de Saint-Mérot, 10 setiers. — La prairie de Guay-Morin, 110 livres. — La seigneurie de la Moinie, paroisse de Thénezay, 500 livres. — La dîme de la Chaussée, 705 livres. — Le fermier général recevait une rente de 800 livres du marquis de Rosmadec pour le fief de Goulaine, en Bretagne.

(2) Arch. de la Vienne, fonds des économats.

Depuis longtemps déjà la nef de l'église de Saint-Jouin avait été affectée au service paroissial et un chœur spécial y avait été disposé. En 1781, le curé Alexandre Constantin et la fabrique représentée par son procureur Bernier ayant décidé d'y faire placer quatorze stalles neuves, les religieux réunis sous la présidence de leur prieur, dom Mathurin Courau, leur en donnèrent l'autorisation. Mais le chapitre d'Amboise, propriétaire de la mense abbatiale, ne voulut permettre aucune modification dans les dispositions anciennes de l'église. Le 20 avril 1782, il signifia aux religieux et à la fabrique qu'il s'opposait à tout agrandissement du chœur de la paroisse, permettant seulement la réparation et la décoration du chœur actuel, à condition que la nef n'en fût pas diminuée (1).

L'abbaye de Saint-Jouin, au moment de sa suppression en 1790, n'avait plus aucune importance. Sa chute s'accomplit sans bruit, malgré ses quinze cents ans d'existence et ses grands souvenirs oubliés. Vendue nationalement, elle tomba peu à peu sous le marteau des démolisseurs. Depuis longtemps déjà, le logis abbatial, la plus grande partie des bâtiments réguliers, les trois quarts du beau cloître du xve siècle ont disparu. Les vastes jardins sont bouleversés. La bibliothèque, réunie d'abord aux nouvelles bibliothèques de districts et du département, a été en réalité dilapidée et dispersée. L'église seule a survécu. Mais combien est lamentable son état actuel ! Ce n'est pas seulement du délabrement; plusieurs portions tombent littéralement en ruine. Qui pourrait se douter, en la contemplant, qu'elle est classée depuis longtemps parmi les monuments historiques ? Certes, nous le savons, le classement n'a pas toujours sauvé nos anciens

---

(1) Arch. de la fabrique de Saint-Jouin.

édifices. Tout récemment encore, le beau cloître de Pont-l'Abbé (Finistère) a été démoli, en dépit de la sauvegarde officielle qui semblait devoir le protéger (1). Le cloître de la cathédrale de Bordeaux et les célèbres murailles gallo-romaines de Dax n'ont-elles pas aussi disparu malgré les protestations les mieux fondées des archéologues ? Si un sort semblable ne paraît pas à craindre pour l'église de Saint-Jouin, il n'en est pas moins certain que la négligence dont elle est l'objet peut lui causer des désastres tels qu'une restauration tardive, et par conséquent radicale, soit alors jugée nécessaire. Or, on le sait, et les archéologues ont élevé à ce sujet des plaintes trop souvent inutiles, les restaurations, même celles opérées par les plus habiles architectes, portent parfois aux monuments un préjudice presqu'équivalent à la destruction. Aussi, n'est-ce pas sans quelque appréhension que nous réclamons instamment la restauration de Saint-Jouin. Mais elle est si urgente qu'il n'y a pas à hésiter. La valeur artistique et historique de ce monument est telle qu'on ne comprend guère l'oubli dans lequel le laisse la commission. Ce n'est pourtant pas l'argent qui fait défaut. Le ministère des Beaux-Arts vient tout récemment d'accorder pour la restauration de l'ancien hôtel de ville de Niort une subvention de 100,000 francs dont 25,000 votés par le conseil général des Deux-Sèvres. Quand on est assez riche pour consacrer une si grosse somme à un monument d'un intérêt secondaire dont il existe tant d'autres types similaires, on est impardonnable de ne pas se montrer tout au moins aussi libéral envers l'église de Saint-Jouin qui, par la beauté et l'antiquité de son architecture, méritait assurément la préférence. Le

(1) *Bulletin monumental.*

conseil municipal de Saint-Jouin et le conseil général des Deux-Sèvres devraient tenir à honneur de réparer cette injustice. Ils ne peuvent pas sans honte laisser dépérir un des plus précieux produits de l'art roman dans la région de l'Ouest. La commission des monuments historiques écoutera peut-être leurs réclamations plus volontiers que celles des archéologues. Nous le désirons ardemment sans en être jaloux, mais nous souhaitons avant tout que la restauration de l'édifice soit confiée à un architecte prudent et désintéressé qui ne le maltraite pas en voulant le guérir, et qui ne substitue pas, comme on l'a vu plusieurs fois, à la cathédrale d'Évreux notamment, à l'œuvre originale du XIIe siècle, un pastiche menteur de notre siècle (1).

Mars 1881.

(1) Depuis l'achèvement de cette notice, la restauration de l'église de Saint-Jouin a été enfin commencée par l'architecte des monuments historiques chargé des édifices classés des Deux-Sèvres. La toiture de la nef a été refaite en entier. Elle est sensiblement plus basse que l'ancienne, ce qui dégage avantageusement le clocher. Cependant, le pignon de la façade qui surplombe la toiture semblait exiger qu'elle fût remontée à sa hauteur, et qu'elle eût la même pente que les rampants. Il est vrai qu'il eût fallu d'abord procéder à la restauration de ce pignon, dont la partie supérieure est en fort mauvais état. Quoi qu'il en soit, la réfection de la toiture était une œuvre de préservation vraiment indispensable, et il faut en féliciter la commission et l'architecte. Mais que sont devenus tous les modillons qui soutenaient la corniche et la toiture anciennes ? Sans doute, plusieurs tombaient de vétusté, mais tous offraient de l'intérêt et quelques-uns pouvaient être conservés. Lorsqu'on restaure un vieux monument, on ne saurait trop respecter les moindres portions artistiques susceptibles de figurer dans l'œuvre nouvelle. Maintenant que la toiture de la nef est terminée, il est probable que celles du chœur et du transept vont être bientôt entreprises. Puis il faudra procéder à des restaurations beaucoup plus délicates, dont il serait inutile et trop long de parler ici pour le moment.

Extrait des *Mémoires de la Société des Antiquaires de l'Ouest*, t. VI, 1883.

Poitiers. — Imprimerie TOLMER et Cie.

www.ingramcontent.com/pod-product-compliance
Lightning Source LLC
LaVergne TN
LVHW050556090426
835512LV00008B/1182